Diesseits und jenseits des Hirsches

Frankfurter Forschungen zur Kultur- und Sprachwissenschaft

Herausgegeben von
Heiner Boehncke/Horst D. Schlosser

Band 13

PETER LANG
Frankfurt am Main · Berlin · Bern · Bruxelles · New York · Oxford · Wien

Douglas Chorpita

Diesseits und jenseits des Hirsches

Die Entstehung einer Poesiemaschine

PETER LANG
Europäischer Verlag der Wissenschaften

Bibliografische Information der Deutschen Nationalbibliothek
Die Deutsche Nationalbibliothek verzeichnet diese Publikation in der Deutschen Nationalbibliografie; detaillierte bibliografische Daten sind im Internet über <http://www.d-nb.de> abrufbar.

Abbildung auf dem Umschlag:
Darstellung einer syntaktischen Formel im
Kontext der GGT-Grammatik.
Vater und Sohn im Tiergarten.
Douglas Chorpita.

ISSN 1433-3252
ISBN 978-3-631-56630-5

www.peterlang.de

Inhalt

Hintergrund und Danksagung

Der vorliegende Text wurde im Mai 2006 als Magisterarbeit eingereicht unter dem Titel *Diesseits und jenseits des Hirsches: Theorie und Praxis einer Poesiemaschine.* Der Betreuer der Arbeit, Herr Prof. Dr. Heiner Boehncke, zeigte sich begeistert von dem Text. Er schlug eine Veröffentlichung vor.

Zunächst möchte ich mich bei Herrn Boehncke bedanken. Sein Seminar über Hans Magnus Enzensberger und sein Interesse für die französische Literaturgruppe ***Oulipo*** weckten meine Neugier für Querverbindungen zwischen Mathematik, Informatik, Linguistik und Literaturwissenschaft. Ohne seine Aufgeschlossenheit gegenüber meinem interdisziplinären Thema wäre die vorliegende Arbeit wahrscheinlich nie zustande gekommen.

Ganz besonderer Dank gilt meiner Lebensgefährtin Gundula Krüger, die nicht nur ein ganzes Jahr lang meine Besessenheit mit diesem Projekt und die damit verbundene Launenhaftigkeit duldete sondern auch zum Erfolg der Arbeit erheblich beitrug. Ohne die zahlreichen Gespräche, ihre vielen hervorragenden Einfälle und ihre unermüdliche Hilfe bei Fragen zu Stil, Formulierung und Wortwahl hätte die Arbeit ihren jetzigen Zustand nie erreicht.

Außerdem danke ich Andrea Böhm, Ulf Donat und Nina Maschke für ihre Mithilfe bei den letzten Korrekturrunden.

Vorbemerkung zur Schreibweise

Die vorliegende Arbeit beschreibt den ein Jahr lang andauernden Prozess der Entwicklung meiner eigenen Poesiemaschine.

Während ich die Arbeit verfasste, stand ich vor dem Dilemma, dass es einerseits unüblich ist, im Rahmen einer wissenschaftlichen Arbeit auf eine persönliche Weise zu schreiben, es mir andererseits intuitiv unpassend erschien, etwas von mir selbst Hergestelltes distanziert zu betrachten.

Eine unmittelbare Schilderung des Entstehungsprozesses mag genauso bedeutsam sein wie die Ergebnisse dieses Prozesses.

Ich habe mich schließlich für einen direkten, schlichten, stellenweise spielerischen Schreibstil entschieden.

1 Einleitung

Was fasziniert uns an Computerpoesie? Und in welcher Hinsicht ist diese Arbeit neu?

Computerpoesie – wie der Name schon sagt – kann nicht älter sein als Computer überhaupt, während Poesie an sich so alt ist wie die menschliche Sprache.[1]

In der Computerpoesie berühren sich zwei Welten, die verschiedener nicht sein könnten: die strukturierte, logische, eindeutige Welt des Computers, aus dem scheinbar nur immer so viel und so Gutes kommen kann, wie man hineingegeben hat, und die flüchtige, überraschende, scheinbar mühelose Welt des Gedichts, die einen Augenblick, eine Stimmung, einen Eindruck, ein Gefühl aufblitzen lässt.

Die ewige Sehnsucht der Menschheit, das Schöne, Vergängliche festzuhalten, in Worte, Bilder oder Töne zu bannen und wieder abrufbar zu machen, kommt in dem Versuch, Lyrik zu programmieren, besonders deutlich zum Ausdruck.

Wer Lyrik zu programmieren versucht, möchte den Prozess des Kunstschaffens so weit erkennen und schematisieren, dass dieser Prozess von einer „uninspirierten“ Maschine geleistet werden kann.

---

[1] Hier wird ***Poesie*** im weiteren Sinn bzw. im Sinne von „sprachlicher Erfindung“ verstanden. Das griechische Verb ***poiein*** bedeutet „etwas machen, schaffen, erfinden“. Vgl. Vogt 2001, 77-78.

Das erscheint im ersten Moment so absurd, als würde jemand auf die Idee kommen, eine Witzmaschine zu programmieren.

Wie lassen sich zwei Gegensätze vereinen? Man muss ganz von vorne anfangen. Um Lyrik für den Computer fassbar zu machen, muss man versuchen, den lyrischen Prozess methodisch zu beschreiben. Wie schreibt der Autor ein Gedicht?[2]

Um maschinell Überraschung, Unvorhergesehenes, nicht Geplantes zu erzeugen, muss man sich mit den Möglichkeiten künstlicher Intelligenz und Kreativität auseinander setzen.

Das Thema ist ein interdisziplinäres. Die Komplexität einer Poesiemaschine und die dahinter stehenden Algorithmen und Zufallsbetrachtungen mögen Informatiker und Mathematiker[3] interessieren. Der Versuch, künstlich Kreativität zu erzeugen, mag aus verschiedenen Blickwinkeln Psychologen und Philosophen angehen. Literaturwissenschaftler mögen den literarischen Gehalt, Linguisten die syntaktischen, semantischen und phonetischen Aspekte solcher Gedichte betrachten, Musiker den klanglichen Wert. Inwieweit ein solcherart erzeugtes Gedicht schön, berührend und melodisch sein kann, mag jeder auf seine Art beurteilen.

Das Thema ist auch ein kontroverses. Kunst liegt immer auch oder vor allem im Auge des Betrachters. Ist alles Kunst?

---

[2] Vgl. den Aufsatz von Edgar Allan Poe (1850) »The Philosophy of Composition« 260-261 und in Erweiterung und Kritik dieses Aufsatzes die Arbeit von Hans Magnus Enzensberger (1962) »Die Entstehung eines Gedichts« 37-54. Vgl. auch Enzensberger (1984) »Weltsprache der modernen Poesie« 22-28.

[3] Wir wollen unseren Leserinnen und Lesern nicht unbedacht vorkommen. Deswegen möchten wir hier ausdrücklich betonen: Wenn in der vorliegenden Arbeit von Informatikern, Mathematikern, Psychologen, Philosophen, Lesern, Dichtern usw. die Rede ist, sind natürlich immer Informatikerinnen, Mathematikerinnen, Psychologinnen, Philosophinnen, Leserinnen, Dichterinnen usw. mit gemeint.

Das Thema ist ein ungemein komplexes. Wir wollen uns in der vorliegenden Arbeit aus nahe liegenden Gründen auf wenige Aspekte beschränken, wenn wir auch hier und da weiterführende Fragen streifen werden.

Über den Charakter von Maschinenpoesie wurde schon viel geschrieben und philosophiert.[4] Wie gehen ***wir*** an das Thema heran? Man könnte sagen, dass Neues immer nur aus Neugier entsteht und durch den Versuch, etwas Gesehenes nicht nur zu beschreiben, zu analysieren, sondern es selbst zu ***begreifen***. Dies könnte man mit Beispielen untermauern: Wie viele bedeutende Erfindungen wurden gemacht, weil der Mensch verstehen wollte, wie irgendetwas in der Natur funktioniert und es nachahmen wollte? Auch mit Beispielen aus dem täglichen Leben: Man könnte alle technischen und gesellschaftlichen Aspekte einer beliebigen Fertigkeit – z. B. Schwimmen – verstehen, doch würde immer etwas fehlen, solange man nicht selbst einmal den Versuch unternähme, diese Fertigkeit auszuüben. Nur durch Hinterfragen, durch Ausprobieren kann und konnte den Dingen auf den Grund gegangen werden. Doch wollen wir uns nicht in Analogien verlieren. Dies ist immer reizvoll und im Grunde am Ende doch ein wenig unbefriedigend.

Die konkrete Frage nach dem ***Wie*** stellte – auf Poesie bezogen – Edgar Allan Poe in seinem Aufsatz »The Philosophy of Composition«.[5] Dies geschah in einer Zeit des industriellen Umbruchs und löste auch in Schaffung und Rezeption von Lyrik eine Welle des Umdenkens aus, die möglicherweise die ersten Schritte in Richtung Computerlyrik darstellte.[6] Hans Magnus Enzensberger griff als einer von vielen die Frage auf,

---

[4] Das Literaturverzeichnis von Saskia Reithers Dissertation *Computerpoesie* (2002) listet beispielsweise mehr als ein paar hundert Texte zu diesem Thema auf.

[5] Hans Magnus Enzensberger übersetzt Edgar Allan Poes Titel »The Philosophy of Composition« mit „Grundsätze der dichterischen Arbeitsweise" (vgl. Enzensberger 1962, 39).

[6] Poe konzentrierte sich auf den Vorgang des Dichtens, charakterisierte ihn als systematisches Verfahren: „step by step, to its completion with the precision and rigid consequence of a mathematical problem." (Poe 1850, 261)

erweiterte sie, kritisierte sie und stellte sie auf neue Füße (vgl. Enzensberger 1962, 37-43).

Die konkrete Frage nach dem ***Wie*** – auf Computerpoesie bezogen – wurde unseres Wissens bisher nur einmal in bewundernswerter Breite behandelt, von David Link in seiner Dissertation *Poesiemaschinen / Maschinenpoesie*, der wir uns anschließen und die wir in einigen Punkten erweitern wollen, da wir glauben, dass dies der Weg ist, der weiterführende Fragen aufwirft und zu neuen Ergebnissen im Bereich der Computerpoesie führen kann.

Wir wollen uns also auf das ***Tun*** beschränken. Wir wollen in dieser Arbeit nicht mehr fragen: Was ist Computerpoesie? Ist sie Poesie? Was leistet sie? Was ist neu an ihr? Das ist schon oft und viel diskutiert worden. Wir wollen den Weg weitergehen, der von Edgar Allan Poe und Hans Magnus Enzensberger mit der Frage „Wie entsteht ein Gedicht?" eingeschlagen wurde und von Enzensberger und David Link mit ihrer Herstellung von Poesiemaschinen auf eine andere Stufe gestellt wurde. Wir stellen die Frage: ***Wie entsteht eine Poesiemaschine?***

Wir ließen uns auf das Abenteuer ein, selbst eine Poesiemaschine herzustellen und den Entstehungsprozess detailliert und nachvollziehbar zu dokumentieren.

Dies bringt es mit sich, dass der Aufbau unserer Arbeit sehr prozessorientiert ist. Jeder Abschnitt baut auf dem vorherigen auf. Jede Erfahrung prägt die nächste Stufe. Schritt für Schritt tun sich Probleme auf, für die dann mögliche Lösungen gefunden werden. Statt nur das Ergebnis zu präsentieren, richten wir unser Augenmerk auf den Reichtum an Fragen und Möglichkeiten, die sich durch jedes Problem auftun.

Genau genommen handelt es sich bei unserer Poesiemaschine um drei Poesie-Erzeuger bzw. drei ***Compiler*** [7], die auseinander hervorgingen und die wir abschließend in einem Programm zusammenfügten, um sie alternativ ausführen zu können. Den drei Compilern gaben wir bildliche Namen: Wurm-Compiler – kurz Wurm –, Hähnchen-Compiler – kurz Hähnchen – und Hirsch-Compiler – kurz Hirsch.

Alle drei Compiler sind in C++ programmiert. Die graphische Benutzeroberfläche (Dialoge, Fenster, Menüleisten usw.) ist Deutsch. Die erzeugten Texte sind auf Englisch. Englisch zeigte sich als praktische Zielsprache, zum einen aufgrund der einfacheren Flexionsendungen und zum anderen da sich ein Großteil der Forschung auf den Gebieten der Computerlinguistik, Neurolinguistik und Spracherzeugung im Englischen bewegt.

Den ersten Poesie-Erzeuger, der vom 18. Mai bis zum 21. Juni 2005 entwickelt wurde, beschreiben wir in **Kapitel 5** »Da steckt der Wurm drin«. David Link, dessen Ideen und eigene Poesiemaschine uns stark beeinflussten, wird in **Kapitel 6** »The Missing Link« vorgestellt. Wichtige Einsichten, sowohl von David Link als auch von uns, zeigten, dass neue Technologien erforderlich waren. Anfang Juli bis Mitte September gelang es, einige der besten bereits bestehenden Technologien für semantische Netzwerke, POS-syntaktisches Tagging (Wortartbestimmungsprogramme) und phonetische Wörterbücher sowie eigene Entwicklungen in unser Programm einzubauen. Diese beschreiben wir in **Kapitel 7** »Taugliche Technologien«. Der daraus hervorgehende Poesie-Erzeuger wurde am 7. Oktober fertig gestellt und wird in **Kapitel 8** »Zubereitung des Hähnchens« beschrieben. In **Kapitel 9** »Eingeweide des Hirsches« erläutern wir unseren dritten und letzten

---

[7] Üblicherweise versteht man unter ***Compiler*** ein Programm, das dazu dient, eine bestimmte Programmiersprache in die Sprache des Mikroprozessors (bzw. in Maschinen-Code) zu übersetzen. In der vorliegenden Arbeit haben wir der Bezeichnung ***Compiler*** jedoch eine neue Bedeutung zugeschrieben. Unsere ***Compiler*** sind keine echten Compiler. Sie ähneln echten Compilern nur insofern, als sie einen komplexen sprachlichen Umwandlungsprozess bewerkstelligen.

Poesie-Erzeuger. Er entstand in der Zeit vom 9. Oktober bis zum 2. Dezember 2005. Die EDV-technischen Details haben wir aus Gründen der Übersichtlichkeit in einem eigenen Kapitel (**Kapitel 10** »Technische Anmerkungen«) zusammengefasst. In **Kapitel 11** »Jenseits des Hirsches« erlauben wir uns einen Blick in die Zukunft.

Ganz an den Anfang stellen wir noch drei einführende Abschnitte:

- eine Textstelle von Hans Magnus Enzensberger und wie sie unsere Begeisterung für das Thema zuallererst entfachte (**Kapitel 2** »„Jenseits der Berechenbarkeit"«).
- eine kurze Skizzierung der vor uns liegenden Aufgaben (**Kapitel 3** »Was muss ein Poesie-Erzeuger können?«). Ziel ist es, die große Aufgabe, einen Poesie-Erzeuger herzustellen, in kleinere Aufgaben zu zerlegen.
- eine Art Landkarte in Form einer tabellarischen Übersicht, die dem Leser helfen soll, den roten Faden zu behalten (**Kapitel 4** »Der Wegweiser«).

Alles Weitere sollte sich im Laufe der Arbeit erklären. Wir wollen am Anfang nicht zu viel verraten. Lasst uns die Reise beginnen – in die Welt von Wurm, Hähnchen und Hirsch.

2 „Jenseits der Berechenbarkeit“

Wir wollen mit den Worten Hans Magnus Enzensbergers beginnen, die uns nicht losließen. Hier die Worte, mit denen er die Beschreibung seiner eigenen Poesiemaschine abschließt und die Schwierigkeiten schildert, die einer leistungsfähigeren Poesiemaschine im Wege stehen:

> Ein einfacher Computer mit einer Speicherkapazität von einigen Mega- oder gar Gigabyte könnte selbstverständlich viel mehr leisten. Die Schwierigkeit läge einzig und allein im Programm, das eine ganze Hierarchie von syntaktischen und von Lexikonregeln umfassen müsste, einschließlich der Einschränkungen und der Ausnahmen, denen sie unterliegen. Logische Verzweigungen, bedingte Sprungbefehle und Schleifen könnten dann für eine Flexibilität sorgen, die innerhalb einer starren kombinatorischen Struktur unerreichbar ist. [...] Ein solches Projekt liegt jetzt schon in Reichweite. Es müßte an die Erfolge und Fehlschläge anknüpfen, die sich auf dem Feld der automatischen Übersetzung gezeigt haben. Poesie-Automaten höherer Stufe übersteigen die Möglichkeiten eines einzelnen Autors. Sie wären nur von einem Team zu verwirklichen, in dem Linguisten, Programmierer und Poeten zusammenarbeiten. Nicht nur die Figur des Dichters, sondern auch die seines Schattens, des Erfinders und Programm-Autors, der diese Zeilen schreibt, verlöre sich so, wie Dädalus, im seinem eigenen Labyrinth. [...] Bis dahin ist der Weg noch ziemlich weit. Unterdessen aber ist er frei für jeden, der Lust hat, ihn einzuschlagen. [...] Vorschläge sind willkommen. Amateure seien jedoch gewarnt. Wer ein solches Programm im eigenen Kopf ausarbeiten will, sollte mit ein paar Monaten Arbeitszeit rechnen und sich mit einem Vorrat an Aspirin versehen. Es handelt sich um ein verdammt komplexes Spiel jenseits der Berechenbarkeit. (Enzensberger 2000, 62-64)

Was gab uns den Impuls? Was war es, das uns anregte? War es vielleicht Enzensbergers Eingeständnis, dass – im Vergleich zu seinem eigenen *Poesie-Automaten* – eine deutlich leistungsfähigere Poesiemaschine möglich sei? War es bloße Neugier? Oder fühlten wir uns herausgefordert? Wollten wir der Welt oder wenigstens uns selbst zeigen, dass sich auch ein Einzelner in das Labyrinth wagen konnte? Fest steht, dass wir dem „verdammt komplexe[n] Spiel“ einfach nicht widerstehen konnten.

3 Was muss ein Poesie-Erzeuger können?

Zuerst gilt es zu fragen, was ein poetischer Text (oder ein Gedicht) überhaupt ist.[8] Was ist ein Gedicht? Ein Gedicht ist eine Menge von Wörtern – jedoch zugleich viel mehr als eine Menge von Wörtern.

- Ein Gedicht hat auch eine gewisse Form. Es kann einen Titel haben, muss es aber nicht. Es besteht aus Strophen, diese wiederum aus Versen.

- In aller Regel ist die Rechtschreibung beim Verfassen eines Gedichts nicht außer Acht zu lassen.

- Es mag sein, dass Gedichte heute vor allem in schriftlicher Form angefertigt, verbreitet und aufgenommen werden. Trotzdem ist ein Gedicht meistens als akustisches Phänomen zu verstehen. Gedichte können beispielsweise Reime, Assonanzen, Alliterationen enthalten. Strenge Verse beachten die Regelmäßigkeit der Betonung, d. h. die Anzahl von Hebungen ist durch das Versmaß festgelegt (vgl. Burdorf 1997, 74).

- Ein Gedicht besteht üblicherweise aus Sätzen (oder Satzteilen), d. h. in gewissem Grad besitzen die Wörter eines Gedichts eine grammatische Struktur. Die Struktur des Textes weicht stellenweise

[8] Der Begriff ***Gedicht*** ist im Fall eines maschinell erzeugten Textes möglicherweise umstritten (vgl. Reither 2003, 57-65; Burdorf 1997, 17-21). In der vorliegenden Arbeit wird auf eher theoretische Definitionsversuche verzichtet. Alle Texte, die unsere Poesie-Erzeuger hervorbringen, werden – wenn vielleicht auch teilweise großzügig – als Gedichte angesehen.

von der Alltagssprache ab. Dennoch gliedert sich die Abfolge der Wörter in einem Gedicht überwiegend in Sätze (oder in Satzteile).

- Ein Gedicht lässt sich interpretieren. Bei den Gedichten, die eher verschwommene Botschaften zu enthalten scheinen, kann man trotzdem von Bedeutung reden, d. h. die Wörter eines solchen Gedichts vermitteln „etwas“, auch wenn es zuweilen nicht klar sein mag, worum es sich bei diesem „etwas“ genau handelt. Viele Gedichte ähneln einer Erzählung.

- Ein Gedicht sollte seinen Leser auf irgendeine Weise überraschen oder „verzaubern“. Dies bedeutet, dass es weder zu sinnvoll noch zu sinnlos sein sollte. Ein vollkommen sinnvolles Gedicht gilt in der Regel als prosaisch.[9] Dagegen wird ein völlig unsinniges Gedicht für völlig unsinnig gehalten.

Gedichte haben andere Eigenschaften, die weniger nahe liegen. Wir wollen uns jedoch momentan auf die wichtigsten (oben aufgelisteten) Eigenschaften beschränken.

Die französische Literaturgruppe ***Oulipo*** (***Ou****vroir de* ***li****ttérature* ***po****tentielle*), die sich für sprachspielerische Verfahren interessiert, führte neue literarische Formen durch das Schreiben unter ***methodischen Einschränkungen*** ein. Ähnlich ungewöhnlichen literarischen Strukturen – beispielsweise dem Anagramm oder dem Palindrom – kann man auch das Gedicht als literarische Struktur mit ***methodischen Einschränkungen*** betrachten (vgl. Le Lionnais in: Boehncke 1993, 24-25). Sprachwissenschaftler betonen sogar die ***methodischen*** Aspekte natürlicher Sprache im Allgemeinen. Hier wird Sprache – jedenfalls in Hinsicht auf ihre syntaktischen und semantischen Verhaltensweisen – als eine Menge ***einschränkender*** Phrasenstrukturregeln verstanden, die vergleichbar sind mit den Regeln künstlicher Sprachen aus der Mathematik, Logik oder Informatik (vgl. u. a. Grewendorf 1989, 176-177).

[9] **prosaisch:** sowohl im Sinne von „in Prosa abgefasst“ als auch im Sinne von „trocken und fantasielos“

Das akustische Verhalten natürlicher Sprache lässt sich auch anhand ***einschränkender*** Regeln darstellen. Wandeln wir dementsprechend die oben dargestellten Eigenschaften eines Gedichts in eine Liste ***methodischer Einschränkungen*** um:

1. ***formelle Einschränkungen:*** besteht aus Strophen und Versen
2. ***orthographische Einschränkungen:*** erscheint in lesbarer Form
3. ***akustische*** (bzw. phonetische) ***Einschränkungen:*** Reim, Alliteration, Versakzent
4. ***syntaktische Einschränkungen:*** besteht aus Sätzen oder Phrasen
5. ***semantische Einschränkungen:*** enthält eine Art Bedeutung
6. ***kreative*** (bzw. kombinatorische) ***Einschränkungen:*** unterhaltsam für den Leser

Für die Programmierung ist es von Bedeutung, ein äußerst kompliziertes Problem in kleinere, weniger komplexe Probleme zu zerlegen. Eine Poesiemaschine zu konzipieren, wird nicht einfach sein. Können wir aber dieses „riesige" Problem in kleinere Probleme zerteilen, besteht mehr Aussicht auf Erfolg. Unsere Liste ***methodischer Einschränkungen*** wird im Laufe dieser Arbeit dazu dienen, die Aufgabe, eine Poesiemaschine herzustellen, in kleinere, erträglichere, deutlicher abgegrenzte Aufgaben zu unterteilen. Daher empfiehlt es sich, mit der Liste und mit den methodischen Einschränkungen gut vertraut zu sein.

Der zweite Punkt auf unserer Liste (***orthographische*** Einschränkungen) wird automatisch berücksichtigt. Warum? Beim Schreiben mit einem Stift wird der Mensch mit zwei ***orthographischen*** Problemen konfrontiert. Das erste Problem ist, mit der Hand lesbare Buchstaben auf das Blatt aufzuzeichnen. Der Computer hat dieses Problem nicht. Buchstaben werden in einem Computer durch binäre Zahlen dargestellt.[10] Bei der Umwandlung von binären Zahlen in lesbare Buchstaben handelt es sich um

---

[10] Ein Buchstabe (oder Zeichen) wird oft als ein oder zwei Bytes (acht bzw. 16 binäre Zahlen) dargestellt.

ein komplexes Verfahren.[11] Dies stellt jedoch kein Problem für den Benutzer oder den Programmierer einer Poesiemaschine dar, da das Betriebssystem – für uns Microsoft© Windows – das Schreiben von Buchstaben und Zeichen automatisch und tadellos bewältigt. Der Mensch hat das zweite ***orthographische*** Problem, dass er gelegentlich ein Wort falsch buchstabiert. Überlegt man, dass mehr als eine Milliarde Menschen auf der Erde weder lesen noch schreiben können, so ist klar, dass Sprache für Menschen vor allem etwas Gesprochenes ist. Für einen Computer dagegen ist die schriftliche Darstellung von Sprache die wichtigste Form – und in der Regel die einzige. Ein Computer denkt nicht. Er produziert seine Wörter nicht automatisch. Er ist nur in der Lage, die von einem Menschen eingetragenen Wörter wiederzugeben. Schreibt der Computer ein Wort falsch, ist der Fehler immer auf einen Menschen zurückzuführen.[12] Obgleich ***orthographische methodische Einschränkungen*** für das menschliche Schreiben durchaus bestehen, gelten sie im Fall des computerisierten Schreibens als ***unsichtbar***. Deswegen werden wir sie im Rahmen dieser Arbeit sehr selten zu Gesicht bekommen.

Es mag seltsam erscheinen, von ***syntaktischen*** und ***semantischen Einschränkungen*** zu reden, denn der Mensch nimmt diese „Einschränkungen" kaum als einschränkend wahr – besonders wenn er sich in der eigenen Sprache unterhält. Erst wenn er versucht, sich in einer neuen, fremden Sprache zu verständigen, bemerkt er, dass diese Einschränkungen sehr wohl vorhanden sind. Es verdient Erwähnung, dass der Mensch dafür geschaffen ist, (natürliche) Sprachen zu beherrschen (vgl. Chomsky 1975, 10-11, Lightfoot 1999, Piattelli-Palmarini 1980). Auch wenn dem Menschen die Erzeugung von Texten, die syntaktischen und semantischen

---

[11] Jeder Buchstabe in jeder Schriftart (Times New Roman, Arial usw.) und in jedem Schriftschnitt (Normal, Kursiv usw.) lässt sich durch eine bestimmte Menge mathematischer Formeln beschreiben. Das Betriebssystem wendet diese Formeln an, um Buchstaben und andere Zeichen zu generieren. Sowohl Schriftgröße der Buchstaben als auch Auflösung des Mediums (Bildschirm oder Drucker) werden berücksichtigt.

[12] Es gibt Computerprogramme – wie z. B. unsere Poesiemaschine, die versuchen, die Grundform eines Wortes zu flektieren (ein Verb zu konjugieren oder ein Adjektiv zu deklinieren). Werden die Flexionsregeln falsch befolgt, kann natürlich eine ungültige Wortform generiert werden.

Regeln folgen, relativ mühelos gelingt, ist sie für Maschinen alles andere als eine Selbstverständlichkeit.

Es bleibt die Frage, ob die Berücksichtigung von Versmaß und Versakzentuierung als ***formelle Einschränkung*** zu verstehen ist. Das Versmaß wird traditionellerweise mit dem formellen Begriff des Verses verknüpft (vgl. Burdorf 1997, 74-75). Gut vorstellbar ist jedoch auch, es als ***akustische Einschränkung*** einzuordnen, da das Versmaß vor allem durch die gesprochene Sprache erfahrbar wird. In der vorliegenden Arbeit werden wir deshalb mit der Tradition brechen, indem wir die Berücksichtigung des Versmaßes als ***akustische Einschränkung*** ansehen.

Die Frage, was ein Poesie-Erzeuger können muss, bleibt unbeantwortet. Aber zunächst ist Folgendes klarer geworden: Ein Poesie-Erzeuger muss zuerst eine Menge von Wörtern zusammenstellen. Zugleich muss er (dem Verfasser eines Palindroms nicht unähnlich) bestimmte ***Einschränkungen*** berücksichtigen. Jetzt wissen wir, welche Einschränkungen das sind. Festzustellen bleibt, wie wir diese Einschränkungen in Angriff nehmen sollen.

4 Der Wegweiser

Was wir den Wegweiser nennen, ist lediglich eine einfache Tabelle. Sie dient dazu, die für uns wichtigsten sechs Poesie-Erzeuger und deren Ansätze vergleichen und auseinander halten zu können. Die **Abbildung 4.1** zeigt den Wegweiser.

Warum brauchen wir einen Wegweiser? Ist diese Arbeit so schlecht organisiert, dass sie einen Wegweiser erfordert?

Im vorigen Kapitel betonten wir, dass die Anforderung an einen Poesie-Erzeuger als Berücksichtigung sechs unterschiedlicher Einschränkungen verstanden werden könnte – und sollte. Außerdem erwähnten wir, dass die ***orthographische Einschränkung*** ignoriert werden darf, da diese bei Computern durch das Betriebssystem automatisch beachtet wird. Die Verantwortung für die restlichen methodischen Einschränkungen dagegen sollte der Poesie-Erzeuger übernehmen.

In dieser Arbeit werden wir mehrere Poesie-Erzeuger vorstellen und vergleichen. Von diesen sind sechs für unsere Arbeit besonders interessant. Der erste ist der Mensch selbst. ***Der Mensch*** – jedenfalls einer, der Gedichte verfassen kann – gilt natürlich als Poesie-Erzeuger. Als maschinelle Vorbilder für unsere Arbeit sehen wir insbesondere Hans Magnus Enzensbergers ***Poesie-Automaten*** und David Links ***Poetry Machine***. Unsere drei Poesie-Erzeuger – der ***Wurm***, das ***Hähnchen*** und der ***Hirsch*** – vervollständigen die Liste.

Wenn wir uns auf diese ***sechs*** Poesie-Erzeuger konzentrieren, die jeweils vor ***fünf*** komplexen Aufgaben stehen, müssen wir uns mit ***dreißig*** Kombinationen auseinander setzen. Sogar eine sehr gut organisierte Arbeit

	formell	**akustisch (phonetisch)**	**syntaktisch**	**semantisch**	**kreativ (kombinatorisch)**
menschlicher Dichter	der Mensch	der Mensch	der Mensch	der Mensch	der Mensch
Enzensbergers *Poesie-Automat*	Variablenskript	der Mensch (Enzensberger)	der Mensch (Enzensberger)	der Mensch (Enzensberger)	Zufallszahlen
der Wurm	GGT-Grammatik (Zufallszahlen)	unser elektronisches Wörterbuch	***nicht berücksichtigt***	***nicht berücksichtigt***	Zufallszahlen
David Links *Poetry Machine*	***nicht berücksichtigt***	***nicht berücksichtigt***	syntaktische Formeln (Internet, *WordNet*, Basiselemente, Flexionsregeln)	semantisches Netzwerk (interaktiv, Internet-Leseverfahren, erstellter Graph)	Zufallszahlen, andere Ansätze? („Per Zufall […] den Bahnungen entlangfließen" (Link 2002, 153))
das Hähnchen	GGT-Grammatik (Zufallszahlen)	***nicht berücksichtigt***	syntaktische Formeln (Korpus, manueller POS-Tagger, Basiselemente, Flexionslenker)	semantisches Netzwerk (interaktiv, Teilmenge von *WordNet*)	Zufallszahlen
der Hirsch	GGT-Grammatik (Zufallszahlen)	Reime, Versmaß (Carnegie Mellons phonetisches Wörterbuch, Blocking, Balancing)	syntaktische Formeln (Korpus, manueller POS-Tagger, Basiselemente, Flexionslenker)	semantisches Netzwerk (interaktiv, Teilmenge von *WordNet*)	Trial-and-Error-Methode (Zufallszahlen)

Abbildung 4.1 Der »Wegweiser«

muss in einem solchen Fall mit Unübersichtlichkeit kämpfen. Ein Wegweiser wird unsere Reise also sicherlich erleichtern.

Der als Tabelle dargestellte Wegweiser lässt sich leicht verstehen. Je Kombination eines Poesie-Erzeugers mit einer methodischen Einschränkung werden in wenigen Stichpunkten Hinweise zur Umsetzung gegeben, die dann in der vorliegenden Arbeit genauer beschrieben wird.[13]

Natürlich macht es Spaß, ohne Karte zu reisen, aber unser Wegweiser erklärt sich erst während des Lesens der Arbeit, sodass die Spannung nicht verloren geht.

---

[13] Einigen Poesie-Erzeugern gelang es nicht, alle methodischen Einschränkungen zu berücksichtigen. Dies wird auch auf unserem Wegweiser gezeigt.

5 Da steckt der Wurm drin

Dem ersten Poesie-Erzeuger wurde erst am Ende der Entwicklungsphase des dritten Poesie-Erzeugers der Name ***Wurm*** gegeben. Der erste Poesie-Erzeuger fing mit viel Hoffnung und den besten Absichten an und wollte sogar der einzige Poesie-Erzeuger bleiben. Der Wurm hatte jedoch seine Probleme. Was hatte der Wurm vor? Und warum wurde er durch die Namensgebung unter die Erde gebracht?

Beginnen wir mit unserer Liste ***methodischer Einschränkungen***. Zunächst werden wir erklären, wie der Wurm die ***formellen*** Einschränkungen der Dichtkunst behandelt (**Kapitel 5.1** »Gedichtgerüstbau anhand der GGT-Grammatik«). Daraufhin wird unser eigenes elektronisches Wörterbuch beschrieben, das uns bei der Berücksichtigung der ***akustischen, syntaktischen*** und ***semantischen*** Einschränkungen helfen sollte (**Kapitel 5.2** »Der Wurm wünscht sich Wörter«). Im Anschluss daran wird verraten, wie ***kreativ*** ein Wurm auftreten kann (**Kapitel 5.3** »Überraschungseffekt«).

Reimen kann der Wurm auch. Wie er das schafft, werden wir veranschaulichen (**Kapitel 5.4** »Reine Reime«). Danach wird uns der Wurm mit einigen seiner Meisterwerke beglücken (**Kapitel 5.5** »Wurmstichige Gedichte«). Schließlich fassen wir das Schicksal des Wurms zusammen (**Kapitel 5.6** »Worte der Würdigung für den Wurm«).

5.1 Gedichtgerüstbau anhand der GGT-Grammatik

Die Entwicklung des Wurm-Compilers begann mit dem Einfachsten, den ***formellen Einschränkungen.*** Wir erfanden eine Art für die Gedichterzeugung geeignete generative Transformationsgrammatik (oder GGT-Grammatik), die der Webseitenbeschreibungssprache HTML optisch ähnlich ist.

In der HTML-Sprache verwendet man zur Textgestaltung so genannte ***Tags*** (Aussprache: [tægz]). Ein HTML-Tag wird nach folgendem Muster einfach in einen Text einer Webseite eingesetzt.[14]

```
<Tag-Name>
```

Die Kleiner/Größer-Klammern `< >` dienen dazu, dass das ***Tag*** mit dem eigentlichen Text nicht verwechselt wird. So kann man einem bestimmten HTML-Tag eine bestimmte Bedeutung zuweisen. In der HTML-Sprache gibt es beispielsweise das Tag `<br>`, das den dahinter stehenden Text in einer neuen Zeile erscheinen lässt. Wichtig in diesem Zusammenhang ist nicht, was `<br>` genau bedeutet, sondern dass `<br>` eine Bedeutung hat und nicht mit einem normalen Textelement (wie einem Wort) zu verwechseln ist.

Kehren wir zu unserer GGT-Grammatik zurück. Was ist sie eigentlich? Und was hat sie mit diesen Tags zu tun? Durch genau solche Tags werden u. a. die Transformationsregeln der GGT-Grammatik dargestellt. Und was sind GGT-Regeln? GGT-Regeln sind vergleichbar mit Noam Chomskys generativen Phrasenstruktur- und lexikalischen Transformationsregeln (vgl. Chomsky 1963), die die Erzeugung von (natursprachlichen) Sätzen darstellen.

Einige der GGT-Regeln werden hier aufgegriffen. Sie werden mit Hilfe der Pfeilnotation folgendermaßen notiert:

```
1. <poem> → <body>
2. <poem> → <title> <n> <n> <body>
3. <body> → <block> <n> <n> <body>
4. <body> → <block>
5. <block> → <verse> <n> <block>
6. <block> → <verse>
```

[14] Tags werden hier in Grau hervorgehoben, um sie lesbarer zu machen. Tags selbst haben keine Farbe.

Der Pfeil wird verstanden als „besteht aus“ oder „kann ersetzt werden durch“. Man beginnt immer mit dem GGT-Tag `<poem>`. Die Erzeugung eines Gedichts mit Hilfe dieser Transformationsregeln kann man sich vollkommen mechanisch vorstellen, und zwar als sukzessive Ersetzung des linken Tags neben dem Pfeil durch die Tags rechts vom Pfeil. Wir können (beispielsweise) die zweite Regel anwenden. So wird `<poem>` durch `<title> <n> <n> <body>` ersetzt. Vorstellbar wäre auch, die erste Regel anzuwenden, die ebenfalls das Anfangs-Tag `<poem>` transformiert. So hätte man nur `<body>`. Wir entschieden uns jedoch für die zweite Regel und daher sieht unser Gedicht jetzt so aus:

```
<title> <n> <n> <body>
```

Üblicherweise wird die Entscheidung, welche GGT-Regel angewandt werden soll, durch ***Zufallszahlen*** getroffen. Zufallszahlen und ihre Umsetzung im Rahmen der Computerpoesie werden wir in einem späteren Kapitel (Kapitel 5.3 »Überraschungseffekt«) behandeln. Hier stellt das Tag `<body>` den Gedichtinhalt dar, während es sich bei dem GGT-Tag `<title>` um den Titel des Gedichts handelt. Das Tag `<n>` bedeutet nur, dass der dahinter stehende Text in einer neuen Zeile erscheint. Wie erwähnt, verwendet auch die HTML-Sprache ein spezifisches HTML-Tag, nämlich `<br>`, um einen Zeilenumbruch darzustellen. Warum verwenden wir nicht die Eingabetaste? Wäre das nicht einfacher? In unserem Fall verwenden wir das Zeilenumbruch-Tag `<n>`, einfach damit unsere GGT-Regeln lesbarer und daher leichter verständlich sind.

Schauen wir uns jetzt die dritte Regel an. Nach dieser Regel soll das linke Tag `<body>` durch etwas ersetzt werden, was wiederum das Tag `<body>` enthält. Eine derartige auf sich zurückgreifende Regel bezeichnet man als ***rekursiv***. Durch fortgesetzte Anwendung einer rekursiven Regel ergeben sich beliebig viele Verschachtelungen. Um die Rekursivität zu demonstrieren, werden wir jetzt die dritte Regel ***zweimal*** anwenden. Wir bekommen Folgendes:

```
<title> <n> <n> <block> <n> <n> <block> <n> <n> <body>
```

Jetzt können wir eine andere Regel ausprobieren, nämlich die vierte. Die vierte Regel ist weniger kompliziert. Das Tag <body> wird einfach durch das Tag <block> ersetzt, was die folgende Darstellung ergibt:

```
<title> <n> <n> <block> <n> <n> <block> <n> <n> <block>
```

Die Erklärung des ganzen Erstellungsverfahrens wäre sehr langwierig bzw. ist womöglich schon langwierig geworden. Deswegen werden wir sie ein bisschen beschleunigen. Die fünfte und sechste Regel sind der dritten und vierten ähnlich. Vergleichbar mit der Umwandlung des Tags <body> in eine Menge von <block>-Tags und <n>-Tags werden jetzt die drei <block>-Tags, die die verschiedenen Strophen des Gedichtes darstellen, in eine Menge von <verse>-Tags und <n>-Tags transformiert. Das Ergebnis wird davon abhängen, wo und wie oft die fünfte ***rekursive*** Transformationsregel angewandt wird. Eine mögliche Ableitung wäre die Folgende:

```
<title> <n> <n> <verse> <n> <verse> <n> <verse> <n> <verse>
<n> <n> <verse> <n> <verse> <n> <verse> <n> <verse> <n> <n>
<verse> <n> <verse>
```

Jetzt können wir jedes <n> mit einem Zeilenumbruch ersetzen. Dann sieht die oben dargestellte Ableitung so aus:

```
<title>

<verse>
<verse>
<verse>
<verse>

<verse>
<verse>
<verse>
<verse>

<verse>
<verse>
```

Diese Darstellung sieht fast wie ein Gedicht aus. Es lässt sich (hoffentlich) erkennen, dass das endgültige Gedicht einen Titel haben und aus drei Strophen bestehen wird. Die ersten zwei Strophen werden aus vier Versen bestehen, während die letzte Strophe nur zwei Verse enthalten wird.

Die GGT-Grammatik wurde in der vorliegenden Arbeit auf vereinfachte Weise dargestellt. Es war die Absicht, durch ein paar Übungen mit generativen Transformationsregeln den Kern der GGT-Grammatik zu veranschaulichen. Leser, die mit Chomskys generativer Transformationsgrammatik gut vertraut sind, hätten die GGT-Grammatik lieber ausführlicher dargestellt gesehen. Wir wollen jedoch unsere GGT-Grammatik möglichst verständlich darstellen. Es gibt beispielsweise weitere Transformationsregeln, die Verse in Wörter, und noch andere, die Wörter in Silben umwandeln. Allerdings basieren sie auf denselben, bereits geschilderten Prinzipien.

5.2 Der Wurm wünscht sich Wörter

Nach der Implementierung und der Einarbeitung der GGT-Grammatik war es dem Wurm-Compiler möglich, die unterschiedlichsten *Gedichtformen* herzustellen. Diese Gedichtformen waren allerdings keine echten Gedichte, sondern nur die Gerüste der Gedichte. Es fehlten noch die ***Wörter***. Aus diesem Grund wurde ein elektronisches ***Wörterbuch*** entworfen, das dazu dienen sollte, die Berücksichtigung der restlichen ***methodischen Einschränkungen*** zu unterstützen. Das Wörterbuch wurde als einfache Datenbank implementiert und ist vergleichbar mit einem handlichen Wörterbuch. Die Wörter des Wörterbuchs müssen aber manuell durch ineinander geschachtelte EDV-Dialoge (Bearbeitungsfenster) eingegeben werden. Unter einer Wortangabe ist eine Menge von sowohl (1) ***orthographischen***, als auch (2) ***akustischen*** (bzw. phonetischen) als auch (3) ***syntaktischen*** Daten zu verstehen. Es war außerdem beabsichtigt, die ***semantischen*** Daten in das Wörterbuch einzugliedern, allerdings wurde dieser Entwicklungsabschnitt des Wörterbuchs nie verwirklicht. Der Hauptdialog des Wörterbuchs (implementiert durch ein Wörterverzeichnis-Listenfeld und mehrere Schaltflächen) wird in der **Abbildung 5.1** gezeigt. Auf diesem Dialog entscheidet man, ob man eine neue Wortangabe eingeben oder eine schon eingetragene Wortangabe bearbeiten bzw. entfernen möchte.

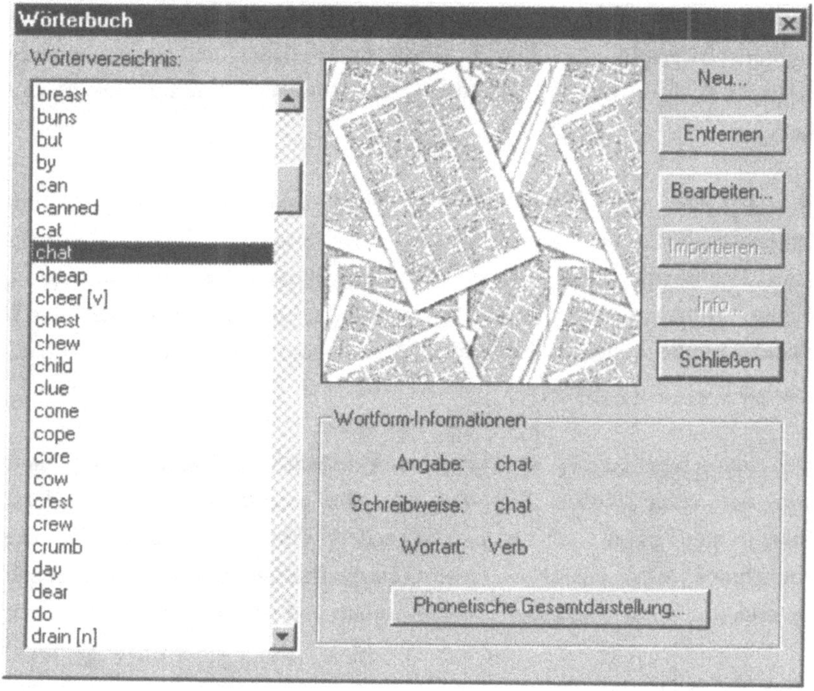

Abbildung 5.1 Hauptdialog des Wörterbuchs

Bis jetzt haben wir oft das Wort ***Wort*** verwendet. Wir sagten beispielsweise, der Wurm wünsche sich Wörter. Wir möchten allerdings darauf hinweisen, dass der Begriff ***Wort*** nicht eindeutig ist. Üblicherweise wird der Begriff ***Wortform*** verwendet, wenn die Erscheinungsform eines Wortes gemeint ist.[15]

Das deutsche Wort ***essen*** entspricht beispielsweise mehreren Wortformen (***esse***, ***isst***, ***essen***, ***esst***, ***aß***, ***aßt***, ***aßen***, ...). In unserem Wörterbuch stellt eine Wortangabe eine ***Wortform*** dar.

Wie streng wollen wir sein? Die Unterscheidung zwischen den Bezeichnungen ***Wort*** und ***Wortform*** ist oft sehr wichtig, ist aber auch stellenweise relativ unwichtig. In Kontexten, in denen eine Unterscheidung Klarheit schafft, werden wir die Bezeichnungen sorgfältig auseinander halten.

Zur Eingabe der Daten für eine spezifische ***Wortform*** wird der Haupteingabedialog ausgeführt. Die erforderlichen Eigenschaften für eine Wortform (Schreibweise, Wortart, Pluralstatus, Flexionsregeln, Genus, Silbenanzahl, Mehrdeutigkeitsinformation usw.) werden durch Standardsteuerelemente (Editfelder, Komboboxen, Checkboxen, Schaltflächen usw.) eingegeben.

Der Haupteingabedialog wird unten in **Abbilddung 5.2** gezeigt. Abhängig von der eingegebenen Silbenanzahl gibt es bis zu fünf aktivierte Silbenschaltflächen, die beim Anklicken den Silbendialog für die betreffende Silbe ausführen. Auf diesem Dialog sind unterschiedliche Betonungs- und Silbentrennungsinformationen einzutragen. Zusätzlich

---

[15] Das semantische Netwerk *WordNet*, das wir später diskutieren werden, weist dem Begriff ***Wortform*** eine ähnliche, jedoch andere Bedeutung zu. Es ist ein allgemeines (interdisziplinäres) Problem, dass Fachbegriffe aus dem einen Gebiet mit Fachbegriffen aus dem anderen Gebiet gelegentlich nicht übereinstimmen. In der vorliegenden Arbeit verwenden wir ***Wortform*** ausschließlich im syntaktischen bzw. morphologischen Sinne. In semantischen Kontexten werden wir statt ***Wortform*** die Bezeichnung ***lexikalisches Zeichen*** verwenden, um die syntaktische von der semantischen Bezeichnung eindeutig zu unterscheiden.

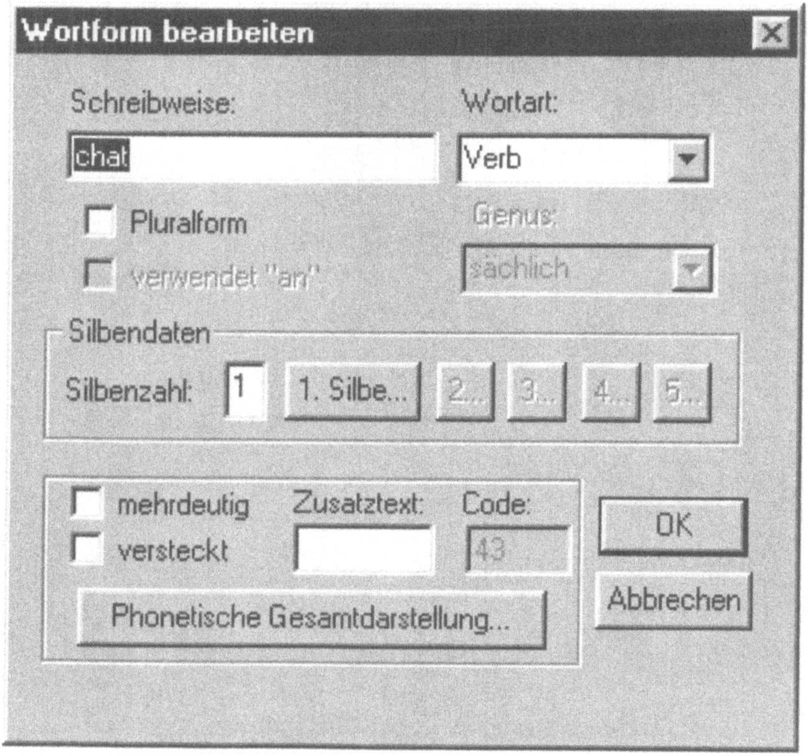

Abbildung 5.2 Haupteingabedialog

befindet sich auf diesem Dialog (ohne Abbildung) eine Schaltfläche, die beim Anklicken einen weiteren Dialog ausführt, nämlich den Dialog für die ***phonetische Darstellung*** der jeweiligen Silbe. Auf diesem Dialog (unten in **Abbilddung 5.3**) gibt es sowohl das Haupteditfeld als auch unterstützende Schaltflächen, die die Eintragung von ungewöhnlichen phonetischen Zeichen erleichtern. Bei den phonetischen Zeichen handelt es sich um den internationalen Standard, das **I**nternationale **P**honetische **A**lphabet (oder IPA).

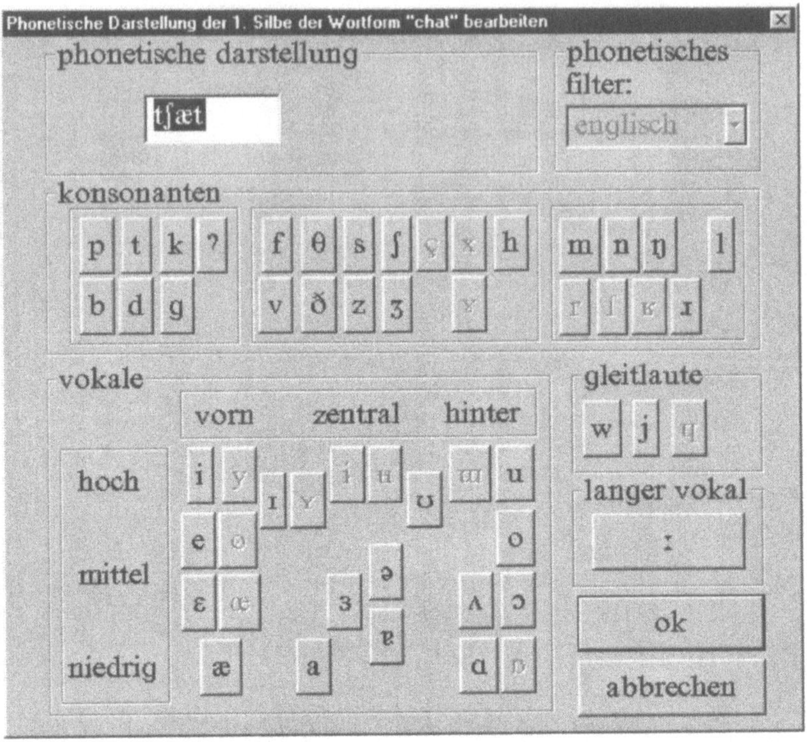

Abbilddung 5.3 Phonetischer Dialog für eine Silbe

Die oben gezeigten Abbildungen der Wörterbuch-Dialoge und deren Beschreibungen dienen vor allem dazu, die Einzelheiten unseres elektronischen Wörterbuchs zu dokumentieren. Wenn das Wörterbuch auch nie das erreichte, was ursprünglich beabsichtigt war, stellt es ein enormes Projekt dar. Es ist vorstellbar, dass die Gestaltung der Dialoge künftige Programmierer inspirieren könnte. In unserer Arbeit ist unser elektronisches Wörterbuch vor allem für das Verstehen des Wurm-Compilers von Interesse.

5.3 Überraschungseffekt

Die Texte, die der Wurm-Compiler erzeugt, sollten irgendwie „kreativ" sein. Sie sollen vielleicht sogar überraschen. Kann ein Computerprogramm schöpferisch sein? Und wenn ja, wie wäre das möglich?

Dies ist ein sehr komplexes Thema. Die neuesten Entwicklungen aus der künstlichen Intelligenz (beispielsweise die Fuzzytheorie, neuronale Netzwerke oder Stephen Thalers *Kreativitätsmaschine*) bieten in diesem Zusammenhang einige spannende Möglichkeiten an. Wir werden sie in einem späteren Kapitel (Kapitel 11 »Jenseits des Hirsches«) ausführlicher diskutieren. Der Wurm ist jedoch ein bescheidenes Tier. Er bedarf einer bescheidenen Lösung.

Es ist keine originelle Idee, Entscheidungen dem Zufall zu überlassen. Zufallszahlen werden beispielsweise verwendet, Lebensprozesse zu simulieren, Untersuchungsmethoden zu gestalten oder bestimmte Arten von mathematischen Lösungen zu beschleunigen. Jeder kennt aus der eigenen Kindheit Brettspiele, bei denen gewürfelt wurde. Obwohl wir uns dessen nicht bewusst waren, begannen wir alle ziemlich früh mit ***Zufallszahlen***.

Besonders im Computerbereich ist die Anwendung von Zufallszahlen allgemein bekannt. Jeder Computer verfügt über einen eingebauten ***Zufallsgenerator***. Dieser ist vergleichbar mit einem Glücksrad. Wenn die Zufallsfunktion eines Computers aufgerufen wird, dreht er eine Art Glücksrad. Sein „Zeiger" trifft auf eine bestimmte Zahl. Diese Zahl nennen wir eine ***Zufallszahl***. Wir sollten nebenbei erwähnen, dass der Zufallsgenerator in einem Computer in Wirklichkeit ***Pseudozufallszahlen*** erzeugt. Was sind Pseudozufallszahlen? Solche Zahlen sind durch ihre statistische Verteilung nicht von „echten" Zufallszahlen zu unterscheiden. Allerdings zeigt sich bei der Erzeugung von einer (enormen) Menge von Pseudozufallszahlen, dass sich ihre Reihenfolge (aufgrund ihres ***algorithmischen*** Verfahrens) irgendwann wiederholt (vgl. Gentle 2003,

1-22, Engel 1976, 92-93). Für unsere Zwecke sind Pseudozufallszahlen genauso echt wie „echte“ Zufallszahlen, so echt, dass wir sie einfach als Zufallszahlen bezeichnen werden.

Während in der Mathematik eine Zufallszahl traditionell als eine ***reelle Zahl*** in dem Intervall **[0, 1]** dargestellt wird, wird sie in einem Computer, der systembedingt mit ***diskreten Zuständen*** (bzw. mit Binärziffern) arbeiten muss, als eine ***ganze Zahl*** (in der Regel zwischen 0 und 32.767) erzeugt. Der scheinbar ungewöhnliche Maximalwert 32.767 ergibt sich daraus, dass er die größte ***positive*** Zahl ist, die durch zwei Bytes (bzw. 16 Bits) darzustellen ist. Die Wahrscheinlichkeit, dass der Computer eine bestimmte Zahl erzeugt, ist für jede (mögliche) Zahl gleich. Mathematiker reden in diesem Fall von einer ***diskreten Zufallsvariablen***, die ***gleichverteilt*** ist auf der Menge der ganzen Zahlen **{ 0, 1, 2, 3, ..., 32.767 }**. In der **Abbildung 5.4** wird eine Reihenfolge von zehn Zufallszahlen angezeigt, die mit Hilfe eines einfachen (auch in Microsoft C++ entwickelten) Computerprogramms erzeugt wurde. Wie lassen sich diese verhältnismäßig ***großen*** Zufallszahlen verwenden, um ***einfache*** Entscheidungen zu treffen? Bei einer typischen Entscheidung ist die Auswahl an Entscheidungsmöglichkeiten relativ ***eingeschränkt***. Vielleicht handelt es sich bei einer Entscheidung nur um drei oder vier Optionen. Wie eignen sich hier solche großen Zufallszahlen?

838
19.639
7.048
32.476
12.790
23.574
17.252
3.231
25.326
31.663

Abbildung 5.4
Zufallszahlen

Zufallszahlen sind das Rohmaterial zum Nachspielen von Zufallsprozessen. Dieser Rohstoff wird verarbeitet durch weitere arithmetische Operationen. Eine von diesen ist die Funktion ***Modulo*** (oder verkürzt **mod**), die den Rest aus der Division zweier ganzer Zahlen angibt. Ein Beispiel soll diese Funktion verdeutlichen:

- 67 mod 7 = 4, da 67 = 9 × 7 + 4.

Hier sagt man: „Sieben passt neunmal in 67 und es bleiben vier übrig oder: Der Rest ist vier.“

Nehmen wir an, wir wollen entscheiden, wie viele Strophen unser Gedicht haben soll, wobei die Anzahl der gewünschten Strophen mindestens eins und höchstens vier beträgt. Haben wir die Zufallszahl **U**, liefert der Ausdruck (**U mod 4**) vier mögliche Ergebnisse, nämlich 0, 1, 2 oder 3. Das ist dadurch bedingt, dass ***alle ganzen Zahlen***, die durch vier geteilt werden, entweder 0, 1, 2 oder 3 als Rest haben. Wird der Ausdruck (**U mod 4**) für eine lange Reihenfolge von Zufallszahlen berechnet, gilt weiterhin, dass die Ergebnisse ***gleichverteilt*** sind. Das heißt, es gibt vier verschiedene Ergebnisse, die alle mit gleicher Wahrscheinlichkeit eintreten. Ein ähnlicher Ausdruck (**U mod 4 + 1**) liefert entsprechend die gleichverteilten Ergebnisse 1, 2, 3 oder 4 und ist gut geeignet für unsere Entscheidung über die Anzahl von Strophen in unserem Gedicht.

Was passiert jedoch, wenn bestimmte Entscheidungsmöglichkeiten mit kleinerer oder größerer Wahrscheinlichkeit eintreten sollen? Vielleicht sollten Paarreime der Regelfall sein, während Kreuzreime eher selten und Blockreime noch seltener auftreten sollten. Unsere Lösung[16] ist eine Art Transformationsfunktion, die gleichverteilte Ergebnisse in eine neue (ungleiche) Verteilung übersetzt. Vielleicht wäre für unsere poetischen Absichten die folgende Verteilung geeignet: Die Wahrscheinlichkeit eines Gedichts mit Paarreim betrage 60%, eines mit Kreuzreim 30%, eines mit Blockreim 10%. Haben wir die Zufallszahl **U**, liefert der Ausdruck (**U mod 10**) zehn mögliche Ergebnisse, nämlich 0, 1, 2, 3, 4, 5, 6, 7, 8 oder 9. **Abbildung 5.5** zeigt, wie diese gleichverteilten Ergebnisse von (**U mod 10**) durch eine Transformationsfunktion **Ψ** in eine ungleiche Verteilung übersetzt

U mod 10	Ψ (**U mod 10**)
0	Paarreim
1	Paarreim
2	Paarreim
3	Paarreim
4	Paarreim
5	Paarreim
6	Kreuzreim
7	Kreuzreim
8	Kreuzreim
9	Blockreim

Abbilddung 5.5 Transformation **Ψ**

[16] Man könnte genauso die Verteilung durch eine Kombination von Strecken (in der Regel Multiplikation) und Hacken (modulo) erreichen. Vgl. Gentle 2003, 1-22.

werden. Anhand derartiger Transformationsfunktionen können wir Entscheidungen dem reinen Zufall überlassen, ohne auf gewisse Entscheidungsneigungen zu verzichten. Diese scheinbar paradoxe Kombination von Zufall und Absicht ist der menschlichen Kreativität nicht unähnlich. Genau sie suchen wir. So gut es eben möglich ist, soll eine Art schöpferischer Geist in den Poesie-Automaten mit einbezogen werden.

5.4 Reine Reime

Das Wörterbuch enthält phonetische Daten für jede eingetragene Wortform. Trotzdem stellt sich die Frage, wie der Wurm-Compiler reimende Verse produziert. Dies ist nicht kompliziert, jedoch erwähnenswert, da das Thema ***Reime*** in späteren Kapiteln aufgegriffen wird. Linguisten unterteilen die phonetischen Laute, aus denen eine Silbe besteht, in zwei Einheiten (Anfangsrand und Reim). Die **Abbildung 5.6** veranschaulicht die Begriffe Anfangsrand und Reim für einige Wortformen. Der Anfangsrand enthält

Wortform	Silbe	Anfangsrand	Reim
tanned	[tænd]	[t]	[ænd]
stand	[stænd]	[st]	[ænd]
and	[ænd]	ø	[ænd]
ant	[ænt]	ø	[ænt]
sun	[sʌn]	[s]	[ʌn]
strung	[stɹʌŋ]	[stɹ]	[ʌŋ]

Abbilddung 5.6 Anfangsrand und Reim

die anlautenden Konsonanten einer Silbe. Der Reim macht den Rest aus (vgl. Selkirk 1982, v. d. Hulst 1984). Wenn zwei Silben den gleichen Reim haben, so reimen sie perfekt. Das heißt, sie ergeben einen reinen Reim. Das Reimverfahren im Wurm-Compiler ist sehr einfach. Abgesehen von dem Anfangsrand der ersten Silbe werden alle Laute einer Wortform verglichen. Ein einfaches Verfahren bringt folgende Probleme mit sich: Zum einen lassen sich unreine Reime nicht identifizieren, zum anderen gelten identische Reime als reine Reime, was nicht unbedingt wünschenswert ist.

5.5 Wurmstichige Gedichte

Unser Kapitel über den Wurm-Compiler wäre nicht vollständig, wenn die Wurmwerke selbst vernachlässigt würden. Im Folgenden werden drei „Gedichte" des Wurm-Compilers gezeigt:

test them we eye
tea uh flush guy
chest meal pain why
truck aim mild fry

tame jeep right pry
chest pee sand lie
truth name I high
to brand name guy

truck her mild I
test do queer dry
test weep beat by
tanned by sand sky

test eye meat sigh
child cow from why
chest wheat pee rye
tray word mild tie

a bay best sane queer
girl gear flat throw canned they vain
day lie mere cat but

youth sleeps drum man
young get luck ban
your luck sun man
used pest the tan

you through do plan
year play chew can
yard agree shut fan
yes fear west man

Derartig primitive „Gedichte“ bedürfen keiner ausführlichen Analyse. Das Gedicht oben rechts hat die Form eines Haikus. Es enthält weder Reime noch Alliterationen. Die anderen Gedichte haben Endreime. Endreime sind gelegentlich identische Reime, d. h. die gleiche Wortform erscheint mehr als einmal. Der Begriff der ***Alliteration*** wird bei dem Wurm so verstanden, dass die anlautenden Konsonanten jeder Zeile übereinstimmen. Der Umstand, dass die anlautenden Konsonanten der Wortformen ***tea*** und ***chest*** gleich sind, mag überraschend erscheinen. Die Wortform ***chest*** hat jedoch die aus [t] und [ʃ] bestehende Affrikata [tʃ] als Anlaut. Aufgrund eines eher primitiven Algorithmus, der die Affrikata [tʃ] nicht in ihrer Ganzheit erkennen kann, wird der Wortform ***chest*** der Anlaut [t] zugewiesen. Man merkt auch, dass alle Wortformen einsilbig sind. Dies erklärt sich daraus, dass sehr wenige mehrsilbige Wortformen in das Wörterbuch eingetragen wurden.

5.6 Worte der Würdigung für den Wurm

Auch winzigen Wesen ist die letzte Ehre zu erweisen. Den wohlgemuten Wurm hochzujubeln, wäre jedoch unangemessen. Der Wurm fing mit viel Ehrgeiz an, wohl zu viel. Der größte Fehler des Wurms war, dass er sich alleine durch den ganzen Apfel durchfressen wollte. Der Apfel erwies sich als ziemlich groß und der kleine Wurm starb, lange bevor er die Hälfte des Kerngehäuses hatte verdauen können. Während der Wurm stecken blieb, lebte der Traum von besseren Gedichten weiter. Neue Einsichten wurden gewonnen. Die gewundenen Wege des Wurmes hinterließen viele gute Ideen.

Was hat der Wurm geleistet? Wir können zu unserer im Oulipo-Manifest entdeckten Ansicht zurückkehren, dass es sich bei einem Gedicht (wie bei jeder literarischen Struktur) darum handelt, „Texte nach mehr oder weniger einschränkenden Regeln zu schreiben“ (Le Lionnais in: Boehncke 1993, 24). Die wichtigsten ***methodischen Einschränkungen*** machen die Spalten des tabellarischen ***Wegweisers*** aus. Inwiefern hat der Wurm diese Einschränkungen in Betracht gezogen?

Für die ***formellen*** Einschränkungen wurde eine generative Transformationsgrammatik entworfen, die wir die GGT-Grammatik nannten. Hierdurch lässt sich eine beträchtliche Sammlung von Gedichtformen herstellen. Eher ungewöhnliche Gedichtformen, die die GGT-Grammatik nicht behandeln kann, könnte man durch eine leicht durchführbare Erweiterung der Transformationsregeln ermöglichen. Letztendlich erwies sich die GGT-Grammatik als leistungsfähig und leicht erweiterbar.

Die ***akustischen*** Einschränkungen wurden auch erfolgreich behandelt. Wenn unsere Wurm-Gedichte auch mit sehr vielen Mängeln behaftet sind, beherrschen sie Alliterationen und reine Endreime. Allerdings gilt dies nur für jene Wortformen, die in unser elektronisches Wörterbuch eingetragen worden waren. Die Eingabe der Wortformen in das Wörterbuch stellte sich als erhebliche Schwierigkeit heraus. Die mühsame Eintragung der betreffenden orthographischen, phonetischen und syntaktischen Daten für lediglich eine Wortform erfordert ungefähr vier Minuten. Es folgte, dass sechs Stunden langwieriger, fast ununterbrochener Arbeit höchstens 100 neue Wortformen im Wörterbuch ergaben. Dies war natürlich sehr entmutigend, denn unsere Zielsprache (Englisch) hat mehr als 100.000 Wortformen. Die Absicht, ein leistungsfähiges elektronisches Wörterbuch herzustellen, war eindeutig naiv. Durch diesen Fehlschlag wurde klar, dass beim nächsten Versuch die bereits geleistete Arbeit von anderen in Anspruch genommen werden sollte.

Und was passierte mit den ***syntaktischen*** und ***semantischen*** Einschränkungen? Der Wurm kam nie so weit. Was die ***syntaktischen*** Einschränkungen betrifft, so war die Absicht, erneut eine generative Transformationsgrammatik einzusetzen. Durch eine fortgeschrittene Phrasenstrukturgrammatik (oder PS-Grammatik) sollten Sätze erzeugt werden. **Abbildung 5.7** zeigt eine deutlich vereinfachte Version unserer vorgesehenen, allerdings nie verwirklichten PS-Grammatik. Es verdient Erwähnung, dass für die Erzeugung von relativ sinnvollen Texten solche PS-Grammatiken schlecht geeignet sind. Warum? Menschliche Sprache ist viel komplexer als eine Menge von Transformationsregeln (Grewendorf 1987, 176). Der (deutsche) Satz „Das kernlose Buch in der kiesigen Katze klettert bei der Idee unserer Familie." verdeutlicht, dass viele grammatisch richtige Sätze zugleich total verkehrt sein können. Offensichtlich erfordert die Erzeugung von sinnvollen Sätzen umfassende, miteinander verwobene Sachverhalte. Nicht nur Wortbedeutung, auch Kontext und metaphorische Verwendungsweise spielen hierbei eine wichtige Rolle. Dies stellte einen weiteren Grund dafür dar, dass der Wurm auf dem falschen Weg war.

```
1.  <s> → <np> <vp>
2.  <np> → <art> <n'>
3.  <vp> → <v>
4.  <vp> → <v> <np>
5.  <vp> → <v> <np> <pp>
6.  <vp> → <v> <pp>
7.  <n'> → <n>
8.  <n'> → <a> <n>
9.  <n'> → <n> <pp>
10. <pp> → <p> <np>
```

```
<s> = Satz
<np> = Nominalphrase
<vp> = Verbalphrase
<pp> = Präpositionalphrase
<art> = Artikel
<v> = Verb
<n> = Substantiv
<a> = Adjektiv
<p> = Präposition
<n'> = <np> ohne <det>
```

Abbildung 5.7
eine Phrasenstrukturgrammatik

Schließlich gibt es die ***kreative*** Seite des Wurms. Die Entscheidungen des Wurms werden durch ***Zufallszahlen*** getroffen. Genauer gesagt handelt es sich um umverteilende Transformationsfunktionen, die auf ***Zufallszahlen*** aufsetzen. Diese ermöglichen eine Art schöpferischen Geist, der festen Vorsatz und reinen Zufall vereinigt und einiges mit der menschlichen Kreativität gemeinsam hat. Kann man den Wurm mit einem Menschen vergleichen? Leider lässt sich die Kreativität des Wurms kaum wahrnehmen, da dieses Tier syntaktisch und semantisch versagte. Im weiteren Verlauf der Arbeit werden wir jedoch erfahren, dass dieselbe Kreativität mit leistungsfähigeren Poesie-Erzeugern erfolgreich eingesetzt werden kann.

6 The Missing Link

Wer ist David Link? Über ihn als Person lässt sich nur wenig aus dem Internet in Erfahrung bringen: So wissen wir, dass er in Köln lebt und sich als Medienkünstler bezeichnet. Vor seiner Arbeit an Poesiemaschinen war er verantwortlich für *ARTIC*, eine Zeitschrift über Kunst und Philosophie. Über seine „frühen Jahre" scheint es leider nicht viel mehr Informationen zu geben.

In diesem Kapitel wird seine Dissertation *Poesiemaschinen / Maschinenpoesie* (2002) besprochen, die die Gestaltung unseres zweiten und dritten Poesie-Erzeugers auf vielerlei Weise beeinflusste. David Links eigene Poesiemaschine, die er im Rahmen seiner Dissertation umfassend beschreibt, heißt einfach *Poetry Machine.* In Veranstaltungen zur Medienkunst in aller Welt erregte die als Ausstellungsstück konzipierte Poesiemaschine große Aufmerksamkeit. Sie erschien in mehreren deutschen Städten, reiste auch nach Frankreich, den Niederlanden, Österreich, Slowenien, in die Schweiz und die USA.[17] In **Kapitel 6.1** werden zuerst die theoretischen Aspekte der Dissertation behandelt. Darauf folgt die eingehende Untersuchung seiner Poesiemaschine (**Kapitel 6.2**). Schließlich fügen wir eigene Einfälle und kritischen Anmerkungen hinzu (**Kapitel 6.3**).

[17] vgl. Links Lebenslauf auf **http://www.alpha60.de/cv/**, auch seine in New York eröffnete Ausstellung auf **http://www.nydigitalsalon.com/.**

6.1 Dissertation

Links Dissertation lässt sich zum Teil als Auseinandersetzung mit einigen der wichtigsten Fragen unserer Zeit verstehen. Wozu sind Computer fähig? Wodurch definiert sich der menschliche Geist? Was ist Intelligenz? Was meinen wir, wenn wir von maschineller Intelligenz sprechen? Da eine ausführliche Darstellung solcher zugleich philosophischen und höchst aktuellen Fragen den Rahmen dieser Arbeit sprengen würde, wird Links eingehende Diskussion hier nur grob skizziert.

Was sagt Link über Computer? Link stellt fest, dass der Mensch dazu tendiere, Computer völlig falsch zu verstehen. Er meint, diese Problematik habe zwei Formen. Die erste sei der naive Glaube, dass das menschliche Individuum in Zukunft durch den Computer „vollständig imitierbar und daher letztlich ersetzbar" (Link 2002, 7) sein werde. Die zweite sei die törichte Hoffnung der Menschheit, dass die Maschine irgendwann einmal eine sogar übermenschliche Intelligenz besitzen könnte. Link behauptet, dass auch der Computer der Zukunft erhebliche Defizite bei der Erfassung von menschlicher Sprache aufweisen werde. Seine Argumentation ist logisch, gut aufgebaut und wird sowohl durch die Erkenntnisse klassischer Philosophen (Platon, Aristoteles, Hegel, Kant, Descartes, Nietzsche, Heidegger, Wittgenstein) als auch die Einsichten der wichtigsten Denker des Computerzeitalters (Alan Turing, John von Neumann, Claude Shannon, Norbert Wiener) untermauert.

Wenn Links Ansichten auch als pessimistisch betrachtet werden können, scheint der Mangel an wesentlichen Durchbrüchen im Bereich der künstlichen Intelligenz in den letzten zwanzig Jahren, diese Ansichten zu unterstützen. Wir finden, dass Links Beobachtungen zutreffend sind. Allerdings macht Link den Fehler, maschinelle Intelligenz mit algorithmisch erzeugter Intelligenz gleichzusetzen. Es gibt bereits zum gegenwärtigen Zeitpunkt maschinelle Intelligenz, die spontan und ohne Algorithmen entstehen kann. In Kapitel 11.4 »Stephen Thalers *Creativity Machine*« wird ein Beispiel derartiger spontan entstehender Intelligenz eingeführt. Es scheint verfrüht, die Hoffnung auf eine außergewöhnliche maschinelle Intelligenz aufzugeben. Allerdings ist davon auszugehen, dass sie nicht in sehr naher Zukunft entstehen wird.

Auffallend ist, dass Links pessimistische Ansichten die Argumente zugunsten seiner eigenen Poesiemaschine verstärken: Ließe man zu, dass Maschinen hoffnungslos unfähig im Umgang mit natürlichen Sprachen seien, so müsste man auch einräumen, dass Links *Poetry Machine* unter den bestmöglichen Poesiemaschinen überhaupt sei.

In Links Dissertation wird eine abgekürzte, jedoch relativ repräsentative Abfolge von Textgeneratoren in allen Einzelheiten behandelt. Dabei handelt es sich um eine „Entwicklung, in der sich komplexere Systeme aus den Beschränkungen einfacherer entwickeln" (ebd., 8). Link erkennt an, dass dies eine Vereinfachung der Geschichte von Textgeneratoren darstelle, da "Konzepte und Entdeckungen [...] vielmehr verworfen, ignoriert, vergessen und zumindest bisher zuweilen wiederentdeckt" (ebd., 8) werden. Wenn Links Darstellung auch die Komplexität der Lage außer Acht lässt, verschafft sie uns einen guten Überblick über die Gesamtaspekte. Erörtert werden sieben exemplarische Textgeneratoren. Diese und ihre wichtigsten Eigenschaften werden im Folgenden zusammengefasst:

(1) ***das Grammophon***: Der Computer liefert einen Text, der vollständig von einem menschlichen Autor verfasst wurde. Möglicherweise bietet der Computer diesen Text „in typographisch oder multimedial besonderer Weise“ (ebd., 22) an. Trotzdem ist allein der menschliche Verfasser für den Text verantwortlich (vgl. ebd., 21-23).

(2) ***Variablenskripte*** können durch ein kombinatorisches Verfahren eine erstaunliche Menge verschiedener Textvariationen produzieren. Allerdings werden sowohl ihre statischen als auch ihre austauschbaren Textelemente ausschließlich von einem menschlichen Verfasser festgelegt. In der Regel wird eine variable Stelle im Skript einem Oberbegriff zugewiesen und durch eine Zufallsauswahl mit austauschbaren, diesem Begriff untergeordneten Textelementen gefüllt. Das Programm *Romance Writer*

von Nick Sullivan (1997) wird als Beispiel angeführt. Dieses und ähnliche Programme sind vergleichbar mit *Cent mille milliard de poèmes* von Raymond Queneau (1961), einem Buch, dessen Seiten in 14 Streifen geschnitten sind, sodass sich die einzelnen Zeilen des Gedichts beliebig miteinander kombinieren lassen (vgl. Link 2002, 24-34). Hans Magnus Enzensbergers *Poesie-Automat* gilt auch als Variablenskript (vgl. Enzensberger 2000, 62-63).

(3) ***ELIZA*** ist das 1966 von Joseph Weizenbaum entwickelte Programm, das einen Psychologen simulieren soll (vgl. Weizenbaum 1966; 1967). Der menschliche Benutzer, dem die Rolle des Patienten zugewiesen wird, unterhält sich mit dem Programm, das „mit jeweils einem Satz auf die Antwort des Benutzers antwortet" (Link 2002, 35). Das Programm erscheint vordergründig intelligent. In Wirklichkeit zerlegt jedoch der Algorithmus die Eingabe des Benutzers in Teile und verwendet genau diese Teile, um eine angemessene Antwort kombinatorisch herzustellen. Wenn beispielsweise der Benutzer „I feel sad today" eintippt, stellt ihm das Programm die Frage „Why are you feeling sad today?" (vgl. ebd., 35-49).

(4) ***Parry,*** ein Programm, das wesentlich komplexer als *ELIZA* ist, wurde 1972 von Kenneth Mark Colby entwickelt und soll einen paranoiden Patienten simulieren (vgl. Colby 1975; 1976a; 1976b). Seine Hauptfigur ***Parry*** spricht von sich selbst: Ein komplexes, seltsames, teilweise glaubwürdiges Leben lässt sich erkennen. Trotz der beträchtlichen Komplexität des Programms werden Sätze nicht kombinatorisch (wie im Falle der Variablenskripte) erzeugt. Das Programm, das die Eingabe des Benutzers genau berücksichtigt, sucht dieser Eingabe entsprechende Sätze aus einer großen Menge festgelegter Satzlisten heraus (vgl. Link 2002, 55-95).

(5) ***Hunt the Wumpus*** und andere frühe, textbasierte Abenteuerspiele (vgl. ebd., 96-113) sind deutlich fortgeschrittener als ***Parry*** und kreieren eine komplexe Fantasiewelt aus Zauberei und Ungeheuern. Der Trick solcher Spiele sei nach Link, dass der Computer über keine menschliche Alltagssprache verfügen müsse, um mit dem Benutzer in Beziehung treten zu können, sondern dass gerade die Beschränktheit des Computers bewirke, dass „der Spieler versucht, derselben Beschränkung unterworfen, in das Imaginäre der Maschine einzudringen." (ebd., 113)

(6) ***SHRDLU*** ist ein für seine Zeit (1971) extrem fortgeschrittenes Programm, das einen Lagerverwalter simulieren soll. Der Benutzer kann sich mit dem Lagerverwalter über virtuell vorhandene Gegenstände unterhalten und ihm unterschiedliche Aufgaben stellen. Das Programm macht zuerst eine syntaktische Analyse der Eingabe. Englische Sätze werden in syntaktische Baumdiagramme umgewandelt. Danach wird ein semantisches Verfahren durchgeführt, wobei die Aussagen des Benutzers in Befehle übersetzt werden (vgl. ebd., 114-134).

(7) Bei ***Markovketten*** handelt es sich um ein mathematisches Verfahren, das die Übergangswahrscheinlichkeiten von abhängigen Ereignissen (und Ketten von abhängigen Ereignissen) berechnet. Dieses Verfahren wird in der Regel im Rahmen der Stochastik angewandt, um die Wahrscheinlichkeitsverteilungen von Systemzuständen zu unterschiedlichen Zeitpunkten zu beschreiben (vgl. Rinne 1997, 458; Dinges 1982, 110; Dynkin 1969, 1-5). Eine zusätzliche Anwendungsmöglichkeit ist die Herstellung von Texten. In diesem Fall lassen sich einzelne Wortformen als Ereignisse (oder Zustände) verstehen. Ein Algorithmus berechnet Übergangswahrscheinlichkeiten zwischen Wortformen und Ketten von Wortformen (Wortformgruppierungen) durch das Einlesen einer enormen Menge von mustergültigen Texten. Festzustellen ist die durchschnittliche Wahrscheinlichkeit dafür, dass eine Wortform (oder eine Kette von Wortformen) unmittelbar nach einer anderen Wortform (oder Kette) erscheint. Ein zweiter Algorithmus wählt einzelne Wortformen mithilfe der gesammelten Wahrscheinlichkeitsdaten, zugleich jedoch nach dem Zufallsprinzip aus und stellt auf diese Weise seltsame, zum Teil verständliche Texte her (vgl. Link 2002, 143-144).

Wie fasst Link diese sieben Textgeneratoren zusammen? Das ***Grammophon*** bezeichnet er als „Unlebendiges und Unbeseeltes“ (ebd., 23), was keine Überraschung ist: Das Grammophon lässt sich kaum als Textgenerator verstehen, da es den von einem menschlichen Autor festgelegten Text lediglich weitergibt. ***Variablenskripte*** findet Link ähnlich enttäuschend (vgl. ebd., 33). Er vergleicht sie mit den weltbekannten LEGO-Bausteinen (vgl. ebd., 32-33). Trotz einer Unmenge an möglichen Texten „bleibt der syntaktische Aufbau des Rahmens unverändert.“

(ebd., 33) Eine enorme Variationsbreite sei, so Link, jedoch nicht mit Kreativität gleichzusetzen: „Bei mehreren Durchläufen gleicht der Abwechslungsreichtum dieser Textgattung in seinem langweiligen Mix verschiedener schriller Exotiken der von Handyoberschalen. Anything goes. Nothing matters." (ebd., 33)

Link unterscheidet zwischen ***variablen***, ***interaktiven*** und ***spontanen*** Textgeneratoren. ***Variablenskripte*** seien erwartungsgemäß als ***variabel*** anzusehen. ***ELIZA***, ***PARRY***, ***Hunt the Wumpus*** und ***SHRDLU*** seien dagegen den ***interaktiven*** Textgeneratoren zuzuordnen (vgl. ebd., 136).

Und was bezeichnet Link als ***spontanen*** Textgenerator? Wir erwähnten in Kapitel 5.3 »Überraschungseffekt«, dass der Zufallsgenerator eines Computers ***Pseudozufallszahlen*** erzeugt, da der Computer mit ***diskreten Zuständen*** arbeiten muss. Genau genommen lassen sich diese Pseudozufallszahlen im Voraus determinieren. Nach Link sei ein spontaner Textgenerator einer, der „über diesen Determinismus hinausgeht und auf gleiche Eingabereize in der Zeit verschieden reagieren kann." (ebd., 136)

Ein Textgenerator, der Texte mit einem auf ***Markovketten*** basierten Algorithmus erzeugt, lasse sich weder als variabel noch als interaktiv oder als spontan beschreiben (vgl. ebd., 136). Deswegen seien, so Link, ***keine*** der erwähnten Textgeneratoren spontan (vgl. ebd., 136-137). Darüber hinaus seien ihre Algorithmen lediglich in der Lage, „die in ihnen hartkodierten Daten zu reproduzieren" (ebd., 137). Link verdeutlicht die Hoffnungslosigkeit der Lage:

> [Die Algorithmen] bemühen [...] sich, den aus den Texten von Menschen bekannten Sinn durch geschickte Bestimmung von Optionen und Operationen zu retten. Diese Intention widerspricht scharf ihrer ursprünglichen, Varianz zu erzeugen und engt den Bereich des Möglichen, kaum daß er eröffnet ist, schon wieder ein. Die flache Vielfalt der Variablenskripte kann deshalb in ihrer Paradoxie als typisch für das gesamte Feld gelten. Ihre ästhetische Qualität steht in keinem Verhältnis zu der von in traditioneller Manier verfaßten Texten. (ebd., 137)

Link verdeutlicht die Mängel aller sieben Textgeneratoren. Er weist gleichzeitig auf den Begriff der Spontaneität hin. Was hat er vor? Im nächsten Kapitel werden wir Links eigene Poesiemaschine *Poetry Machine* diskutieren. Ist diese spontan? Kann sie die Leistungen aller anderen Textgeneratoren übertreffen?

6.2 Poesiemaschine *Poetry Machine*

Museen und Universitäten in mehreren Städten feierten schon die Installation *Poetry Machine*. Die unvergleichliche Ausstellung ist dabei, die ganze Welt zu bereisen. Was genau erfährt der Ausstellungsbesucher? Link versucht die Erfahrung in Worte zu fassen:

> Der Besucher betritt einen halbdunklen Raum. Über eine Leinwand fließt der Text, den niemand schreibt. Die Tasten der Tastatur davor bewegen sich wie von Geisterhand. Eine monotone, mechanische Stimme verliest den generierten Text, Satz für Satz.
>
> Ohne die Nähe von Zuschauern schreibt das System schnell und flüssig. Buchstabengewitter. Ohne Unterlaß folgt ein Wort auf das andere. Nähern sich Besucher, gerät der Textgenerator ins Stocken, zögert, verstummt zeitweilig ganz. Das System überläßt dem Betrachter den Schauplatz, lädt ihn ein, selbst in die Tasten zu greifen. Gibt dieser Worte ein, erscheint sein Text wie der der Maschine auf der Leinwand. *Poetry Machine* nimmt den Text auf und beginnt ausgehend von seinen Worten zu assoziieren. Der Strom von Texten im Wechselspiel zwischen der Maschine und ihrem Benutzer reißt nicht ab. (Link 2001, 1)

Die mysteriöse Gestaltung der Installation *Poetry Machine* ist auf keinen Fall uninteressant. Sie verdiente ihre eigene Untersuchung. Die vorliegende Arbeit interessiert sich jedoch nicht für die kunst- und medienwissenschaftlichen Aspekte von *Poetry Machine*. Ihre Aufgabe ist es zu erfassen, was sich in dem Computerprogramm *Poetry Machine* abspielt und dazu das Programm zu zerlegen.

Eine ausführliche Beschreibung des Computerprogramms *Poetry Machine* erscheint in Links Dissertation (2002, 147-157). Auf dieser Beschreibung basiert unsere Erfassung seines Programms. Um einen Überblick über das Programm zu geben, werden die unserer Ansicht nach wichtigsten sieben Eigenschaften von *Poetry Machine* mit unterstützender Erläuterung aufgelistet:

(1) ***Lesen aus dem Internet*:** „[Die ewige] Wiederkehr des Gleichen" (Link 2002, 148) sei, so Link, das größte Problem aller besprochenen Textgeneratoren. *Poetry Machine* befreit sich davon, „indem [sie] die gigantischen Datenmengen des Internets mit einbezieht" (ebd., 148). Wie funktioniert das? Link erklärt, dass der Benutzer zuerst ein oder mehrere Wörter in das Programm einträgt. Mithilfe einer Art Suchmaschine[18] findet *Poetry Machine* die der Eingabe entsprechenden Webseiten im Internet. Danach sammelt *Poetry Machine* englische Sätze aus geeigneten Webseiten. Schließlich werden Sätze in ***syntaktische Formeln*** umgewandelt (vgl. ebd., 149-150).

Da der Benutzer den ersten Schritt im Leseprozess verantwortet, gilt *Poetry Machine* als ***interaktiv***. Täglich modifizieren Millionen von Menschen die Inhalte des Internets, das deshalb eine Art ***lebendige Datenquelle*** ist. Seine Inhalte lassen sich nicht ***determinieren***. Aus diesem Grunde gilt *Poetry Machine* gemäß Links für einen spontanen Textgenerator geltender Definition als ***spontan***.

(2) ***Englisch:*** Texte werden von *Poetry Machine* in ***Englisch*** produziert. Obwohl Link die Gründe, die für die Wahl der englischen Sprache maßgeblich waren, unerwähnt lässt, gibt es nahe liegende Gründe dafür:

- Die vergleichsweise einfachen Flexionsendungen des Englischen eignen sich für die Entwicklung einer sprachlichen Software.
- *Poetry Machine* sucht Texte aus dem Internet; vorherrschende Sprache des Internets ist Englisch.

---

[18] Dabei handelt es sich um ein „Internet-Bot". Ein „Bot" (Aussprache [bat]) ist ein Computerprogramm, das einen das Internet durchsuchenden Menschen simuliert.

- Englisch gilt als Weltsprache.
- Die Software *WordNet* arbeitet ausschließlich mit der englischen Sprache.

(3) ***WordNet***: Eine an der Universität Princeton (im Bereich der Kognitionswissenschaft) entwickelte Software[19], die in erster Linie als lexikalisches Online-Wörterbuch gilt, wird verwendet, um die syntaktische Struktur von eingelesenen Sätzen zu ermitteln. Link behauptet, ***WordNet*** führe eine Wortform auf ihre Grundform zurück und bestimme die Wortart (Substantiv, Verb, Adjektiv, Adverb) dieser Grundform (vgl. ebd., 150). Eine ausführliche Diskussion dieser auch in unsere Poesiemaschine integrierten Software schließt sich in einem späteren Kapitel an (Kapitel 7.2 »*WordNet* – eine lexikalische Datenbank«).

(4) ***Kombinatorisches Verfahren*** mit ***syntaktischen Formeln:*** In dem oben angeführten Leseprozess werden Sätze aus Internet-Seiten in ***syntaktische Formeln*** umgewandelt. Was ist eine syntaktische Formel? Eine syntaktische Formel beschreibt eine gewisse Satzstruktur des Englischen und besteht aus einer Reihenfolge von festgelegten und ersetzbaren Wortformen. Die genaue Darstellung einer syntaktischen Formel in *Poetry Machine* wird im Rahmen von Links Dissertation nicht geschildert. Das Kapitel 8.2 »Syntaktische Formeln mit dem manuellen Tagger« wird zeigen, wie die syntaktischen Formeln unserer Poesiemaschine aussehen.

Eine beliebige Teilmenge aller syntaktischen Formeln ähnelt dem uns vertrauten ***Variablenskript***. Der entscheidende Unterschied besteht darin, dass nicht ein Mensch die Menge zusammenstellt, sondern der Computer. Bedeutend dabei ist, dass der Computer, der über eine sehr große Menge von beliebig kombinierbaren syntaktischen Formeln aus dem Internet verfügt, unvorstellbar viele Skripte herstellen kann. Im Falle des traditionellen Variablenskripts schreibt der menschliche Autor hingegen nur ein einziges Skript.

---

[19] vgl. Cognitive Science Laboratory, Princeton University; vgl. Miller 1993.

Wie die traditionellen ***Variablenskripte*** und deren ***kombinatorisches Verfahren*** funktionieren, wurde bereits in Kapitel 6.1 »Dissertation« erläutert.

(5) ***Basiselemente:*** die Erfinder von *WordNet* sind der Ansicht, dass eine relativ kleine Menge von Funktionswörtern Sonderbehandlung verdient. Unter Funktionswörtern sind rein syntaktische, nicht sinntragende Elemente wie Artikel, Präpositionen, Konjunktionen, Hilfsverben, Pronomen zu verstehen (vgl. Miller 1993, 2-3). In der vorliegenden Arbeit bezeichnen wir diese Funktionswörter als ***Basiselemente***.

Die Ansicht, dass bei der lexikalischen Betrachtung einer Sprache die ***Basiselemente*** auszufiltern sind, basiert auf der Gehirnforschung mit aphasischen Patienten.[20] Die Forschung hat gezeigt, dass die Basiselemente sehr wahrscheinlich in einem gesonderten Gehirnareal verarbeitet werden (vgl. Garrett 1982; Miller 1993, 2).

Basiselemente werden nicht in die *WordNet*-Datenbank eingegliedert (vgl. Miller 1993, 2-3). Auch Link entscheidet sich – möglicherweise von der Gestaltung von *WordNet* beeinflusst – für das Ausfiltern solcher Basiselemente (vgl. Link 2002, 150). Basiselemente werden in *Poetry Machine* „anhand einer statischen Liste von derzeit etwa 400 Einträgen identifiziert“ (ebd., 150). Bei der Umwandlung von Sätzen in ***syntaktische Formeln*** spielen Basiselemente eine entscheidende Rolle. Kapitel 7.3 »Basiselemente« wird sich der näheren Untersuchung der Basiselemente widmen.

(6) ***Semantisches Netzwerk:*** Link erläutert, wie ein semantisches Netzwerk im Verlauf des Leseprozesses konstruiert wird. Das Netzwerk wird als gewichteter, ungerichteter Graph dargestellt. Jeder Knoten dieses Graphen repräsentiert ein eingelesenes sinntragendes Wort (bzw. lexikalisches Zeichen), wobei ein sinntragendes Wort einfach ein nicht der Menge der ***Basiselemente*** (s.o.) zugehöriges Wort ist. Jede Kante des Graphen zeigt

[20] Aphasie ist eine Erkrankung des Sprachzentrums im Gehirn.

die Stärke der Verbindung zwischen zwei miteinander verknüpften Wörtern (vgl. ebd., 147).

Im Leseprozess wird jedes Mal, wenn zwei Wörter im gleichen Satz erscheinen, das Gewicht der sie verbindenden Kante vergrößert. Das semantische Netzwerk lässt sich dabei als eine Art Wahrscheinlichkeitsmodell verstehen. Im Unterschied zu Markovs Übergangswahrscheinlichkeiten achtet Links semantisches Netzwerk nicht auf die Reihenfolge der Wörter im Satz (vgl. ebd., 147-148).

(7) ***Keine Versstruktur:*** Erzeugt *Poetry Machine* Gedichte? Dieter Burdorf betont, dass „das einzige eindeutig feststellbare Merkmal, das den größten Teil der heute als Gedichte bezeichneten Texte auszeichnet, die Versstruktur ist" (Burdorf 1997, 11). Angesichts dieser Definition stellt sich die Frage, wie ein Text von *Poetry Machine* terminologisch einzuordnen ist. Er besitzt weder Strophen noch Verse und lässt sich als unendlicher, ununterbrochener „Fluss von Sätzen" wahrnehmen (siehe **Abbildung 6.1**). Es gibt weder Absätze noch sinnvolle Zeilenenden. Erreicht der „Fluss" den rechten Bildschirmrand, springt er ohne Rücksicht auf Wortgrenzen in die nächste Zeile. Mit der Erscheinung jeder neuen Zeile verschwindet die Zeile am oberen Bildschirmrand. Saskia Reither erklärt, dass eine solche Poesiemaschine durch ihre „neue Art von Hervorbringung" (Reither 2002, 64) neue Fragen für die Poesie aufwerfe: „Sie besteht nicht mehr aus feststehenden Verszeilen, sondern ist bewegt und zeichnet sich in hohem Maße durch eine Flüchtigkeit aus, die sowohl ein neues Licht auf die poetische Form, ihre Wahrnehmung als auch auf die Konstitution des Textes selbst wirft" (Reither 2002, 64). In der vorliegenden Arbeit steht nicht die Frage im Vordergrund, wie die Wahrnehmung von Texten durch einen Wechsel der Medien beeinflusst wird. Dass die Texte von *Poetry Machine* keine Versstruktur aufweisen, ist für uns das Entscheidende.

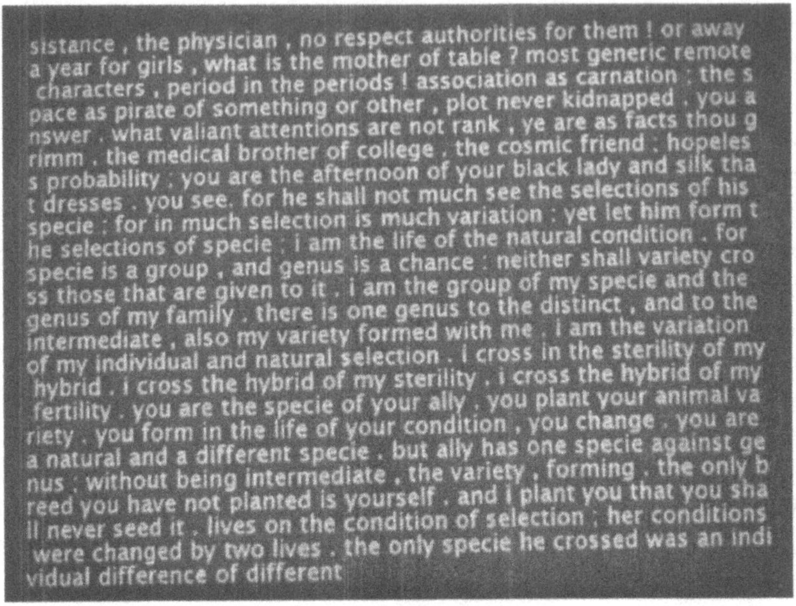

Abbildung 6.1 Display von *Poetry Machine*

6.3 Einfälle und kritische Anmerkungen

Was halten wir von Links Dissertation und *Poetry Machine*? Welche Teile von *Poetry Machine* finden wir nutzbar? Gibt es Aspekte der Dissertation, die uns stören? Es ergeben sich folgende Beobachtungen:

(1) ***Die Vorgehensweise der Dissertation:*** David Links Dissertation greift über die übliche Behandlung des Themas ***Computerpoesie*** weit hinaus. David Link erweist sich als Philosoph, Künstler, Futurologe, Literaturwissenschaftler, Medienwissenschaftler, Psychologe, Philologe, Mathematiker, Informatiker, Semantiker, Syntaktiker und Kognitionswissenschaftler zugleich. Er besitzt den nötigen Sachverstand, scheinbar beeindruckende Textgeneratoren zu durchschauen. Er verrät ihre Mängel in

allen Einzelheiten und konzipiert schließlich seine eigene Poesiemaschine, die (unseres Wissens) alle anderen übertrifft. Seine Dissertation ist sehr wahrscheinlich die erste wissenschaftliche Arbeit, die die Struktur einer ernst zu nehmenden Poesiemaschine dokumentiert.

(2) ***Kritik des Variablenskripts:*** Link wertet das Variablenskript ab: Obwohl das kombinatorische Verfahren eine astronomische Menge von verschiedenen Textvariationen ermögliche, sei seine Kombinationsgabe trotzdem mangelhaft. Betrachte man mehrere Texte, werde ihre Ähnlichkeit und die Beschränktheit des Variablenskripts in kurzer Zeit offenkundig (vgl. Link 2002, 33). Wir sind auch dieser Meinung.

Was Link nicht anspricht, ist der vielleicht nahe liegende Umstand, dass Variablenskripte unterschiedlicher Qualität Texte unterschiedlicher Qualität herstellen. Obwohl Hans Magnus Enzensberger in seinem Buch *Einladung zu einem Poesie-Automaten* nur zwei seiner maschinell erzeugten Gedichte enthüllt (vgl. Enzensberger 2000, 73-74), ist es nicht unvorstellbar, dass sein Variablenskript auf Dauer weitere interessante Texte hervorbringt. Einige wichtige Ziele für ein gutes Programm seien, so Enzensberger (vgl. ebd., 49):

- keine unbeabsichtigten Wiederholungen von Textelementen
- maximale Zusammenhanglosigkeit
- semantische und pragmatische Ungleichartigkeit
- unvorhersehbare Kombinationen
- möglichst viele mehrdeutige Textelemente (bzw. Polysemien)

Obwohl das Programm „an kein festes Versmaß gebunden“ (ebd., 49-50) sein solle, gebe es auch „gewisse Regeln, was die Abfolge von betonten und unbetonten, schweren und leichten Silben angeht“ (ebd., 50). Schließlich müsse der Text „»Anfang« und »Ende« haben und eine Art von Fortgang zeigen“ (ebd., 50). Enzensberger gibt allerdings zu, dass die gleichzeitige Berücksichtigung aller Bedingungen „schwer zu machen“ (ebd., 50) sei.

So schwer es sein mag, ist die Kernfrage ***nicht***, wie gut das Programm geschrieben ist – denn dies ist relativ einfach –, sondern wie gut die statischen und austauschbaren Textelemente des Skripts ausgewählt sind. Die harte Arbeit muss derjenige, der die Textelemente zusammenstellt, leisten, in diesem Fall Hans Magnus Enzensberger. Das Variablenskript ist im Vergleich dazu ein hirnloses Werkzeug, das lediglich die Intelligenz und poetische Gabe seines Autors widerspiegelt.

Ähnlich dem Erfinder von *Poetry Machine* interessieren wir uns vor allem für Programme, die wendige Algorithmen in Gang setzen, um interessante Texte herzustellen. Nicht der Mensch, sondern das Programm sollte den Text schreiben. Natürlich muss der Mensch immer eine gewisse Verantwortung tragen, denn die Herstellung eines jeden Programms erfordert einen menschlichen Programmierer. Entscheidend ist, dass der Mensch selbst vom Schreibprozess Abstand nimmt. Im Fall von *Poetry Machine* besteht eine eindeutige Trennung vom Schreibprozess. In den Texten von *Poetry Machine* bestimmt David Link kein einziges Wort. Hans Magnus Enzensberger hingegen legt in den Texten des *Poesie-Automaten* jedes einzelne Wort fest und plant darüber hinaus das gesamte kombinatorische Verfahren des Variablenskripts.

Was ist das wichtigste Kriterium, nach dem eine Poesiemaschine zu beurteilen ist? Die unüberlegte Antwort auf diese Frage ist möglicherweise, dass ihre hergestellten Texte nach ihrer Schönheit oder nach ihrem Inhalt zu bewerten seien. Es ist klar, dass diese Kriterien nicht unwichtig sind. Wir sind jedoch der Ansicht, dass man zuallererst die folgenden Fragen stellen muss: Was schreibt den Text? Ist es wirklich die Poesiemaschine? Oder ist es ein trickreicher Illusionist, der die eigene poetische Gabe in der Maschine verbirgt?

Es gilt zu beantworten, ob das Variablenskript die Kriterien einer ***echten*** Poesiemaschine erfüllt. Variablenskripte sind einfache Computerprogramme, die die Textelemente eines menschlichen Autors nach elementaren kombinatorischen Methoden manipulieren. Im Vergleich zu den Programmen aus dem Bereich der künstlichen Intelligenz, die komplexe Technologien in der Art von neuronalen Netzen, unscharfen logischen Systemen, maschineller Sprachverarbeitung, kybernetischer Modellierung usw. mit einbeziehen, ist das Variablenskript kaum als Computerprogramm wahrzunehmen.

(3) ***Die Spontaneitätsfrage:*** Link betont, dass der Zufallsgenerator in einem Computer lediglich Pseudozufallszahlen erzeugen kann (vgl. Link 2002, 30). Zitiert wird van Neumanns drastische Äußerung: „Any one who considers arithmetical methods for producing random digits is, of course, in a state of sin." Link scheint den Zufallsgenerator ungerechterweise herabzusetzen. Dabei erhebt sich die Frage, ob Links Schilderung des Zufallsgenerators dazu dient, seine eigene Poesiemaschine aufzuwerten.

Dass der Computer mit diskreten Umständen arbeiten muss und deshalb keinen echten Zufall aufweisen kann, ist unumstritten. Umstritten ist jedoch, was der Begriff „Zufall" überhaupt bedeutet. Die philosophische Denkrichtung des Determinismus geht davon aus, dass alle Ereignisse nach festgelegten Gesetzen ablaufen. Das heißt, der Verlauf des ganzen Universums sei vollständig vorherbestimmt. Nach diesem Modell des Universums gebe es überhaupt keinen Zufall. Die Idee einer Welt ohne Zufall taucht in einer Menge wissenschaftlicher Disziplinen auf, wie z. B. in der Physik (Astrophysik, Kosmologie, klassische Mechanik, Quantenmechanik, vgl. Cassirer 2004, 19-35), der Theologie, der Philosophie (Atheismus, Agnostizismus, Stoizismus u.a.), der Informatik (Zufallsgenerator, Pseudozufallszahlen, vgl. May 1975 u.a.), der Psychologie (die Frage der Willensfreiheit), der Kognitionswissenschaft, der Mathematik (Stochastik, Chaostheorie, vgl. Liehr 1999, 56-151) und der Biologie (Genetik, Molekularbiologie, vgl. Wronski 1999, 17-22).

Den Determinismus möchten wir weder verteidigen noch widerlegen. Wir wollen lediglich verdeutlichen, dass der Begriff „Zufall" umstritten ist. Kein Mensch kann beweisen, dass das Universum nicht vorherbestimmt ist. Es ist daher nicht auszuschließen, dass das Universum ähnlich wie der Computer seine Ereignisse durch eine Art höchst komplexen, deterministisch ausgerichteten „Zufallsgenerator" bestimmt.

Nehmen wir aber für den Moment an, dass der Begriff von Zufall unumstritten wäre. Wir erwähnten bereits, dass der Zufallsgenerator in einem Computer lediglich Pseudozufallszahlen erzeugen kann. Es gibt aber auch den so genannten „echten“ Zufallsgenerator (vgl. May 1975; May 1985). Er erzeugt echte Zufallszahlen. Doch wie? Ein so genannter „echter“ Zufallsgenerator misst minimale zufällige Änderungen in der physikalischen Welt und leitet echte Zufallszahlen aus den Messdaten ab. Solche Zufallszahlen lassen sich nicht determinieren (vgl. May 1975). Pseudozufallszahlen dahingegen lassen sich theoretisch determinieren, da sie durch ein algorithmisches Verfahren erzeugt werden. Jedoch ist kein Mensch in der Lage, das Verhalten eines von Pseudozufallszahlen gesteuerten Computerprogramms zu erfassen. Die Determinierung von Pseudozufallszahlen erfordert den Algorithmus, der diese Zahlen erzeugt. Der typische Benutzer eines Computerprogramms kennt diesen Algorithmus nicht. Aber sogar wenn er ihn kennen würde, könnte er nie zurückverfolgen, wie das Programm die Pseudozufallszahlen innerhalb von mehrschichtigen, sich verästelnden Entscheidungsprozessen anwenden würde. Der Mensch nimmt Pseudozufallszahlen ***immer*** als echte Zufallszahlen wahr, da er nicht in der Lage ist, die Komplexität eines Programms und seiner Anwendung von Pseudozufallszahlen sekundenschnell zu erfassen. Andernfalls wäre die Erfindung von Pseudozufallszahlen sinnlos gewesen.

In Anbetracht dieser Überlegungen finden wir Links Behauptung, dass *Poetry Machine* ein spontaner Textgenerator sei, ohne Gewicht. *Poetry Machine* mag nach der gegebenen Definition spontan sein, jedoch aus der entscheidenden Perspektive, der Perspektive der ***menschlichen Wahrnehmung***, ist die Unterscheidung zwischen dem Spontanen und dem Nichtspontanen, zwischen dem echten Zufall und dem Pseudozufall, unwichtig.

(4) ***Die Datenquelle:*** Da *Poetry Machine* „die gigantischen Datenmengen des Internet mit einbezieht“ (Link 2002, 148), ist sie unseres Erachtens als Poesiemaschine einmalig. Das Internet bietet eine unvorstellbar hohe Anzahl und eine unvergleichbare Vielfalt von Texten an. Wie bereits

erwähnt, ist das Internet eine Art ***lebendige Datenbank***. Mithilfe dieser unbeschreiblich großen, jeden Tag von Millionen von Menschen umgeschaffenen Datenmenge „schaut *Poetry Machine* dem vernetzten Volk aufs Maul“ (Link 2001, 1).

Dass das Internet eine unberechenbare Angelegenheit (vgl. ebd., 148-149) darstellt, ist von geringer Bedeutung. Dies werden wir mit einem Beispiel verdeutlichen: Technisch bedingt ist es nicht möglich, aber nehmen wir einmal an, es ***wäre*** möglich, die heutigen Inhalte des Internets vollständig zu kopieren und zu fixieren. ***Wäre*** dies irgendwie möglich, ließen sich die gesamten Inhalte des Internets (theoretisch) determinieren. In diesem Fall wäre das Einlesen dieser Kopie (theoretisch) berechenbar. Zugleich wäre sie als Datenquelle für Texte nicht von dem tatsächlichen Internet zu unterscheiden. Man könnte sogar weiter argumentieren: Obwohl die Entwicklung des Internets wegen menschlicher und physikalischer Zufälligkeiten unvorhersehbar sein mag, ist der Zustand der gesamten Inhalte des Internets ***zu einem exakten Zeitpunkt*** doch fixiert und daher theoretisch berechenbar. Es ist nicht Absicht dieser Arbeit, die Spontaneität und die Zufälligkeit von *Poetry Machine* zu widerlegen. Einzuräumen ist lediglich, dass der Begriff ***Zufall*** umstrittene, höchst philosophische Fragen aufwirft, die uns von den wichtigeren Merkmalen von *Poetry Machine* ablenken.

Von entscheidender Bedeutung ist, dass *Poetry Machine* das Internet als Datenquelle verwendet. Das Internet gilt als unvergleichlich umfangreiche Textmenge. Es enthält einen wesentlichen Anteil der überhaupt in der Welt existierenden Texte. Das ist Grund genug, von *Poetry Machine* beeindruckt zu sein.

(5) ***Kombinatorisches Verfahren (Syntaktische Formeln, Semantisches Netzwerk):*** Wenn auch das kombinatorische Verfahren in *Poetry Machine* auf dem eher primitiven ***Variablenskript*** basiert, bietet es deutlich mehr an. Festgelegt werden statische und austauschbare Textelemente nicht von einem menschlichen Autor, sondern durch einen fortgeschrittenen Algorithmus, der sowohl syntaktische als auch semantische Zusammen-

hänge in Betracht zieht. Die syntaktische Struktur von Sätzen wird ***nicht*** anhand einer abstrakten generativen Transformationsgrammatik erfasst, sondern basiert auf der Erfahrung mit tatsächlichen englischen Sätzen (vgl. Link 2002, 151). Wie oben erwähnt, werden semantische Beziehungen durch einen ernormen gewichteten, ungerichteten Graphen dargestellt. Eine beliebige Kante zwischen zwei Knoten zeigt die Intensität der Beziehung zwischen diesen zwei Wörtern (ebd., 152).

Zudem verdient das allgemeine Thema ***Kombinatorik*** Erwähnung. Menschen sind leicht durch sehr große Zahlen zu beeindrucken. Die Variationsbreite von Enzensbergers *Poesie-Automaten,* der 10^{36} unterschiedliche Gedichte produzieren kann, mag erstaunlich erscheinen. Dazu fügt Enzensberger noch hinzu, was eine Zahl mit 36 Nullen bedeute:

> [N]otfalls wird auch die Entfernung der Erde vom Mond zu Hilfe genommen, um das Unermeßliche meßbar zu machen. Solche Erläuterungen sind trivial. Es versteht sich von selbst, daß das Universum 10^{36} Gedichte nicht beherbergen kann. Zahlen dieser Größenordnung sind nicht nur unvorstellbar, sie sind abscheulich (vgl. Enzensberger 2000, 25).

Wenn Enzensbergers *Poesie-Automat* auch 10^{36} unterschiedliche Gedichte produzieren kann, verwendet das Programm dennoch nur 60 (fixierte) ***Texteinheiten***.[21] Wie sieht eine entsprechende Zahl für *Poetry Machine* aus, deren kombinatorisches Verfahren mit mehreren tausend Texteinheiten arbeitet? Wir können konservativ schätzen, denn das Ergebnis muss nicht genau sein. Nehmen wir für den Moment an, dass es nur 10.000 syntaktische Formeln gibt. In Wirklichkeit kann es deutlich mehr als 10.000 geben, aber die Zahl 10.000 wird die Berechnung vereinfachen. Gehen wir zur Vereinfachung der Berechnung davon aus, dass jede Formel genau drei austauschbare Stellen hat. Sagen wir auch, dass jede austauschbare Stelle mit einer von 1.000 möglichen Wortformen gefüllt werden kann. Nehmen wir schließlich an, dass – wie in Enzensbergers Programm – sechs Verse der Regelfall sind, was wieder eine konservative

[21] Unter ***Texteinheit*** ist ein unabänderliches Textstück zu verstehen. Eine Texteinheit kann ein Satz, ein Satzteil oder eine einzelne Wortform sein.

Schätzung ist. Und was ist das Ergebnis? Auf der Grundlage der angenommen Zahlen könnte *Poetry Machine* $[(10.000) \times (1.000)^{3}]^{6} = 10^{78}$ Gedichte herstellen. Die Zahl 10^{78} hat 78 Nullen und ist 10^{42}-mal größer als Enzensbergers Zahl (10^{36}). Das heißt, für jedes einzelne Gedicht von Enzensbergers *Poesie-Automaten* gebe es, so das Modell, 10^{42} Gedichte von Links *Poetry Machine*.

Wie sind diese „abscheulich" großen Zahlen zu interpretieren? Vor allem sollte man, um möglichst viel von ihnen zu lernen, sie weder aufwerten noch herabsetzen. Man sollte ihre Größe im ***Kontext*** verstehen. Denkt man an 10^{36} Menschen oder an 10^{36} Häuser, ist die Zahl 10^{36} zugegebenermaßen lächerlich. Im Rahmen der Kombinatorik hingegen ist die Zahl 10^{36} nichts Besonderes. Auch die Zahl 10^{78} sollte uns nicht erschrecken. Wer hatte als Kind nicht schon einmal einen Spielwürfel in der Hand? Werfen zehn Kinder je einen sechsseitigen Spielwürfel je zehnmal, beträgt die Anzahl der Kombinationen möglicher Würfelergebnisse $(6^{10})^{10} = 6{,}533186 \times 10^{77}$, dies entspricht in etwa der Anzahl der nach unserer vereinfachten Rechnung möglichen Gedichte von *Poetry Machine* (10^{78}). Wenn dieselben Kinder je zwanzigmal werfen, gibt es $(6^{20})^{10} = 4{,}268252 \times 10^{151}$ Kombinationen. Es stellt sich heraus, dass eine unvorstellbare Anzahl von Kombinationen „kinderleicht" ist.

Was liefert uns nun die kombinatorische Analyse von *Poetry Machine*? Es gilt den ***Kontext*** in Betracht zu ziehen: Wie viele Gedichte einer gewissen Länge[22] lassen sich überhaupt herstellen? Da die englische Sprache gewisse grammatische Regeln und eine festgelegte Anzahl von Wortformen hat, ist die Anzahl von möglichen Gedichten entsprechend begrenzt. Der Umstand, dass *Poetry Machine* 10^{78} (bzw. unvorstellbar viele) Gedichte – oder noch viel mehr, denn unsere Schätzungen waren konservativ – produzieren kann, ist zu vernachlässigen. Von Bedeutung ist jedoch, dass sich die Zahl 10^{78} der Anzahl der grammatisch richtig, in der englischen Sprache überhaupt herstellbaren Gedichte annähert. Die Kombinationsgabe von *Poetry*

[22] Wir nehmen in diesem Argumentationsstrang an, dass alle Gedichte eine ähnliche Länge (vielleicht 60 Wörter) aufweisen.

Machine ist demzufolge besser als die des begabtesten menschlichen Dichters. Sie ist in der Tat übermenschlich.

Natürlich ist Kombinationsgabe weder mit Intelligenz noch mit Kreativität gleichzusetzen. *Poetry Machine* kann wie alle (derzeitigen) Poesiemaschinen die Bedeutung von Wörtern und Sätzen nicht erfassen. Semantische Beziehungen werden in *Poetry Machine* durch einen Graphen dargestellt. Dieser Graph enthält nur numerische Daten über die Intensität der Beziehungen zwischen Wortformen. Das heißt, das Programm kann zwar „wissen“, dass zwei Wortformen irgendwie zusammengehören, hat zugleich aber keine Ahnung warum. Dies bedeutet, dass *Poetry Machine* weitaus weniger als ein Kind „versteht“. Allerdings kann dies von Vorteil sein, denn ein Mangel an Verständnis führt in vielen Fällen zu ungewöhnlichen, verfremdeten, poetischen Formulierungen, die wiederum unerwartete und spannende Texte ermöglichen (vgl. Link 2002, 149). Das semantische Netzwerk in *Poetry Machine* ist zwar groß, da es viele Wörter enthält, jedoch extrem einfach, da die Beziehung zwischen den Wörtern nur durch jeweils eine Zahl dargestellt wird.

Warum könnte der Graph nicht zusätzliche Informationen enthalten? Vorstellbar wäre ein deutlich fortgeschrittener Graph, dessen Kanten und Knoten detaillierte Angaben über die Wortbeziehungen und die einzelnen Wortformen besitzen. Die *WordNet*-Software, die in einem späteren Kapitel (Kapitel 7.2 »*WordNet* – eine lexikalische Datenbank«) diskutiert wird, ist in erster Linie ein semantisches Netzwerk. Leider sind ihre Operationen wegen ihrer Datenbankstruktur relativ langsam. Optimal wäre eine ähnliche, jedoch neu durchdachte, schnellere Lösung, die den Vorteil aus einer IMDB (In-Memory-Datenbank) zieht (vgl. Platt 1999, 185-202). Die bestehende Struktur von *WordNet* wäre allerdings bei der Konstruktion eines neuen, fortgeschritteneren semantischen Netzwerks in Betracht zu ziehen.

(6) ***WordNet:*** *Poetry Machine* verwendet *WordNet* als Wortartbestimmungsprogramm. Wir sind der Meinung, dass *WordNet* für diese Aufgabe schlecht geeignet ist. Wir werden jedoch die Einzelheiten unserer Kritik auf

Kapitel 7.2 »*WordNet* – eine lexikalische Datenbank« verschieben. Dort wird *WordNet* zunächst ausführlich beschrieben. Danach wird erklärt, warum die Verwendung von *WordNet* in *Poetry Machine* fragwürdig ist.

(7) ***Formelle Fragen:*** Wir erwähnten schon, dass die Texte von *Poetry Machine* keine Gedichte im herkömmlichen Sinn sind (s.o. Kapitel 6.2 »Poesiemaschine *Poetry Machine*«, vgl. Burdorf 1997, 11). Sie besitzen keine Versstruktur. Darüber hinaus sind die folgenden formellen Merkmale auffällig:

- Die Stellung von Satzzeichen weicht vom Üblichen ab. Zwischen jedem Wort und jedem Satzzeichen gibt es ein Leerzeichen. Das heißt, ein Punkt erscheint beispielsweise nicht unmittelbar nach dem letzten Wort eines Satzes. Dieses Verhalten spiegelt möglicherweise die Segmentierung von Sätzen im Programm wider. Wenn die ungewöhnliche Stellung von Satzzeichen auch der Wahrnehmung des Texts wenig schadet, scheint sie keinem künstlerischen Zweck zu dienen.

- *Poetry Machine* verwendet nur Kleinbuchstaben. Selbst das englische Pronomen „I", das man in der Regel immer groß schreibt, wird klein abgebildet. Dies erschwert das Lesen und scheint keinen Vorteil zu bieten.

(8) ***Keine phonetischen Ansätze:*** *Poetry Machine* beachtet in keiner Weise das Akustische, ein Umstand, der das Argument, dass es sich bei ihren Texten um ***keine*** Gedichte handelt, weiter stärkt. Weder von Klangformen (Reimen, Assonanzen, Alliterationen) noch von metrischer Regulierung (Rhythmus, Akzentuierung, Silbenlängen) kann die Rede sein. Alfred Behrmanns Wendung „konturloser prosaischer Brei" (Behrmann 1989, 140) ist im Fall von *Poetry Machine* nicht unangemessen.

(9) ***Qualität der Gedichte:*** Link unterzieht das Variablenskript einer harten Kritik. Er meint, die ästhetische Qualität der Texte stehe „in keinem Verhältnis zu der von in traditioneller Manier verfaßten Texten" (Link

2002, 137). Obwohl *Poetry Machine* das Kombinationsvermögen des Variablenskripts weitaus übertrifft, leidet *Poetry Machine* in ähnlichem Maß daran, dass ihre Texte mit von Menschen geschriebenen Texten schlecht konkurrieren können. Auffällig ist, dass Links Dissertation keine Texte von *Poetry Machine* enthält. Es stellt sich deshalb die Frage, ob Link sie absichtlich fortlässt, mit dem Ziel, seiner Poesiemaschine ein geheimnisvolleres und weniger durchschaubares Gepräge zu geben.

In Kapitel 3 »Was muss ein Poesie-Erzeuger können?« listeten wir die ***methodischen Einschränkungen*** auf, die ein Poesie-Erzeuger unserer Meinung nach berücksichtigen müsste. Danach lernten wir unseren ersten Poesie-Erzeuger (den Wurm) kennen, der vor allem daran scheiterte, dass er nicht in der Lage war, die ***syntaktischen*** und ***semantischen Einschränkungen*** eines Gedichts zu beherrschen. Was bietet *Poetry Machine* in diesem Zusammenhang an? Wenn *Poetry Machine* auch bestimmte Einschränkungen – nämlich die ***formellen*** und ***akustischen*** – vollständig außer Acht lässt, ist ihre Berücksichtigung ***syntaktischer*** und ***semantischer*** Einschränkungen vorbildlich. Das kombinatorische Verfahren in *Poetry Machine* interessiert uns sehr, denn es meistert genau die „Hürden“, an denen der Wurm scheiterte.

7 Taugliche Technologien

Wir lernten aus unseren Erfahrungen mit dem Wurm-Compiler, dass es sehr unklug war, jeden Berg alleine erobern zu wollen. Existierende Technologien könnten uns Beistand leisten. Aufgeschlossen versuchten wir, unsere Fehler neu zu überdenken. Ein erhebliches Problem beim Wurm-Compiler war die Eintragung von Daten – besonders phonetischen Daten – in das Wörterbuch. Durch das Surfen im Internet machten wir ein paar wichtige Funde, die sich als kostbar erwiesen. Der erste war das phonetische Wörterbuch von Carnegie Mellon (auf Englisch, ***Carnegie Mellon Pronouncing Dictionary***). Bei diesem Wörterbuch handelt es sich um die weltweit größte Zusammenstellung phonetischer Daten.

Im Verlauf der Entwicklung des Wurm-Compilers und auch danach lasen wir viel über andere Poesiemaschinen. David Links *Poetry Machine*, die wir in den vorangegangenen Kapiteln besprachen, führte zu vielen zusätzlichen Einsichten und wurde zu unserem erstrebenswerten Vorbild. Unter den wichtigsten Bestandteilen von *Poetry Machine* befindet sich ***WordNet***, eine einmalige semantische wörterbuchartige Datenbank. Wir wollten *WordNet* auch verwenden, da uns *WordNet* wichtige Fähigkeiten zum Verstehen von Wortbedeutungen anbieten sollte. Wie sich herausstellte, teilen sowohl *Poetry Machine* als auch *WordNet* einen Kerngedanken: Die nicht sinntragenden, rein syntaktischen Elemente einer Sprache wie Artikel, Präpositionen, Konjunktionen, Hilfsverben, Pronomen sind bei der semantischen Untersuchung einer Sprache auszufiltern. In der vorliegenden Arbeit wollten wir diese Elemente als ***Basiselemente*** bezeichnen. Im Verlauf der Entwicklung des Wurm-Compilers gelangten wir zu der Auffassung, dass es von Vorteil wäre, wenn wir ein Programm hätten, das die Wortformen eines Satzes den richtigen syntaktischen Kategorien (Substantiv, Verb, Adjektiv usw.) zuordnen könnte. Solche Wortartbestimmungsprogramme heißen ***POS-Tagger***. Wir wollten sie

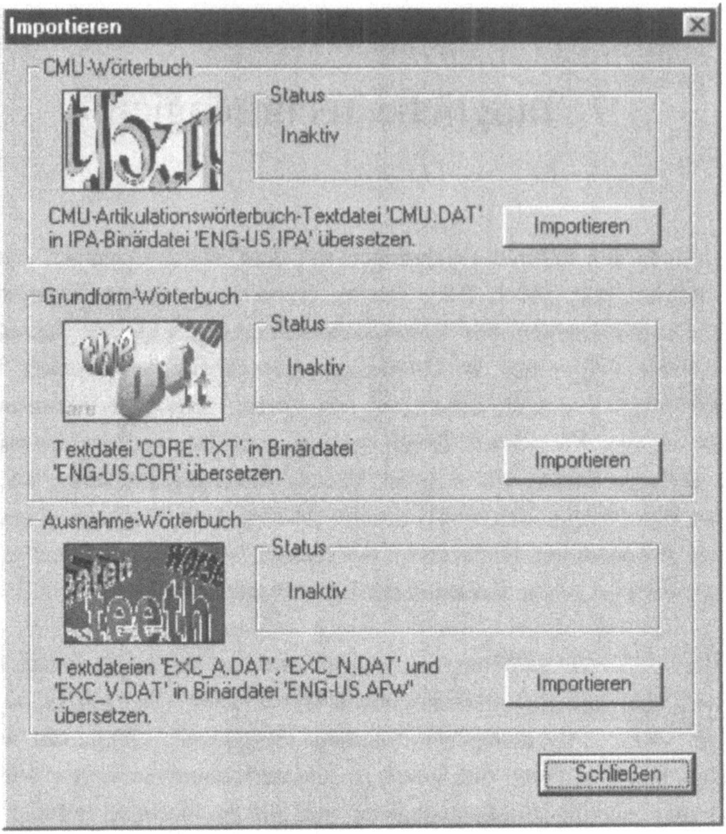

Abbildung 7.1 Dialog für das Importieren

nicht selbst erfinden, da begabte Sprachwissenschaftler sie schon erfunden hatten. Ein weiteres Problem war, dass der Wurm-Compiler die Flexionsendungen und die komplizierten Rechtschreibregeln, die damit verbunden sind, nicht beherrschen konnte. Die englische Sprache hat eine Menge unregelmäßiger Verben, dazu einige, wenn auch wenige, unregelmäßige Pluralendungen. Deswegen wurde eine flexionsbewusste Komponente erfunden, die wir den ***Flexionslenker*** nannten. **Abbildung 7.1** zeigt den Dialog, durch den (1) die Daten aus dem ***phonetischen Wörterbuch von Carnegie Mellon***, (2) die von uns festgelegten ***Basiselemente*** und (3) die den ***Flexionslenker*** steuernden Flexionsdaten importiert werden.

In den folgenden Kapiteln (**Kapitel 7.1** »Carnegie Mellons phonetisches Wörterbuch«, **Kapitel 7.2** »*WordNet* – eine lexikalische Datenbank«, **Kapitel 7.3** »Basiselemente«, **Kapitel 7.4** »POS-Tagger«, **Kapitel 7.5** »Flexionslenker«) werden die neuen, oben erwähnten Technologien ausführlicher behandelt.

7.1 Carnegie Mellons phonetisches Wörterbuch

Wir bereits erwähnt, gestaltete sich die Eintragung der Wortformen in unser eigenes Wörterbuch als sehr zeitaufwendig. Bei der Recherche im Internet stießen wir auf Carnegie Mellons Phonetisches Wörterbuch (oder CMU-Wörterbuch). Dieses Wörterbuch ist in Wirklichkeit eine einfache Textdatei, allerdings mit 120.000 (englischen) Wortformen und ihren phonetischen Umschreibungen bestückt. Nach unserer Zeiteinschätzung (von 100 Wortformen pro Tag) hätten wir mehr als drei Jahre gebraucht, so viele Wortformen in unser eigenes Wörterbuch einzutragen. Die CMU-Datei wurde über lange Jahre von Robert Weide und seinem computerlinguistischen Forschungsteam an der Carnegie Mellon Universität in Pittsburgh, Pennsylvanien zusammengestellt. Es enthält unter anderem Einträge, die an der Universität von Kalifornien in Los Angeles gesammelt worden waren. Die CMU-Wörterbuchdatei stellt die derzeit größte Zusammenstellung phonetischer Daten dar und wird weithin in Spracherzeugungstechnologien verwendet. In diesem englischspezifischen, aus 39 Lauten bestehenden Transkriptionssystem werden Laute durch entweder einen oder zwei Buchstaben dargestellt. Einige der Laute werden in der **Abbildung 7.2** gezeigt.

Laut	Beispiel	Transkription
[AA]	*odd*	[AA D]
[AE]	*at*	[AE T]
[AH]	*hut*	[HH AH T]
[AO]	*bought*	[B AO T]
[AW]	*cow*	[K AW]
[AY]	*hide*	[HH AY D]
[B]	*bee*	[B IY]
[CH]	*cheese*	[CH IY Z]
[D]	*deep*	[D IY P]
[DH]	*those*	[DH OW Z]

Abbildung 7.2 Laute mit Beispielen

Bei der Transkription von Vokalen wird auch die Betonung durch die Ziffern 0 (unbetont), 1 (betont – primär) oder 2 (betont – sekundär) markiert. So hat beispielsweise der Vokal [AW] (so wie alle Vokale) drei Erscheinungsformen [AW0], [AW1], [AW2]. Durch diese Informationen lassen sich die so genannten Hebungen und Senkungen in einer Wortform erkennen.

Leider enthalten die phonetischen Transkriptionen der CMU-Wörterbuchdatei keine Informationen über die Silbengrenzen innerhalb einer Wortform. Dies führt dazu, dass wir die Silbengrenzen – wie sich später herausstellen wird – mit Hilfe eines komplexen, gelegentlich problematischen Verfahrens erkennen müssen.

Das CMU-Transkriptionssystem erwies sich als ungewohnt und daher schwer entzifferbar. Die ungewöhnliche Darstellungsweise wurde wahrscheinlich gewählt, weil sie das schnelle Eintragen der Daten mittels Tastatur ermöglicht. Das CMU-Transkriptionssystem war für unsere Zwecke schlecht geeignet. Durch ein selbst erstelltes Übersetzungsverfahren wurden deshalb die etwa 120.000 Wortformtranskriptionen in das sprachunabhängige ***Internationale Phonetische Alphabet*** (oder IPA) umgewandelt. Da die IPA-Darstellungsweise kompakter ist, konnte die 3,6-Megabyte CMU-Datei in eine 2,8-Megabyte IPA-Datei komprimiert werden. Die **Abbildung 7.3** zeigt einige CMU-Laute und ihre entsprechenden IPA-Darstellungen.

CMU-Laut	IPA-Laut
[AA]	[a]
[AE]	[æ]
[AH]	[ʌ]
[AO]	[ɔː]
[AW]	[aʊ]
[AY]	[aɪ]
[B]	[b]
[CH]	[tʃ]
[D]	[d]
[DH]	[ð]

Abbildung 7.3 CMU vs. IPA

Die Übersetzung der CMU-Datei stellte sich für unsere Zwecke als großer Erfolg heraus. Plötzlich war die phonetische Darstellung nahezu jeder Wortform der englischen Sprache möglich.[23]

Kurz danach entwickelten wir zwei Dialoge, durch die wir für eine bestimmte Wortform die jeweilige IPA-Transkription anschauen konnten, um das Erreichte sichtbar werden zu lassen. Die **Abbildung 7.4** zeigt diese Dialoge.

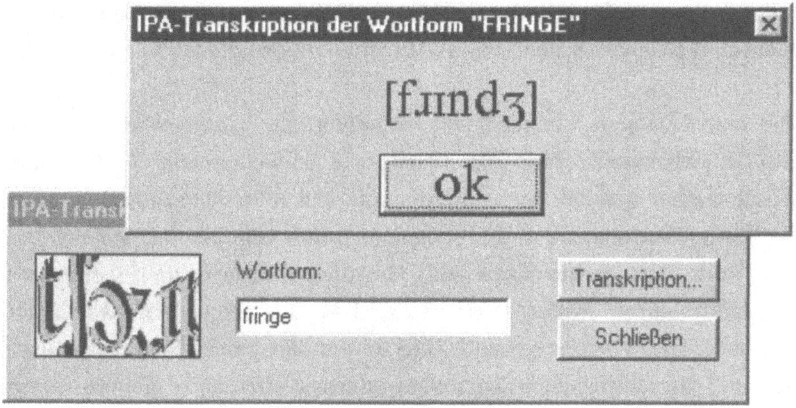

Abbildung 7.4 IPA-Transkriptions-Dialoge

Bei der Umwandlung von Daten kann der Mensch mit der Maschine schlecht konkurrieren. Die maschinelle Übersetzung der CMU-Datei in die IPA-Datei gelang fehlerfrei in weniger als 15 Minuten. Der Mensch hätte einige Jahre gebraucht und hätte beim Eintragen auch nicht wenige Tippfehler gemacht. Diese Anmerkung mag trivial erscheinen. Sie zeigt jedoch, dass die Maschine bestimmte Aufgaben erheblich schneller und besser beherrscht als der Mensch. Uns interessiert die Frage, inwiefern diese beträchtliche Geschwindigkeit bei der Poesie-Erzeugung von Nutzen sein kann.

[23] Obwohl nicht alle englischen Wortformen in der CMU-Datei dargestellt werden, sind 120.000 Wortformen eine beträchtliche Menge.

7.2 *WordNet* – eine lexikalische Datenbank

WordNet ist ein von den neuesten psycholinguistischen Theorien über das menschliche lexikalische Gedächtnis inspiriertes Software-Projekt, das an der Universität Princeton entwickelt wurde. Englische Substantive, Verben und Adjektive lassen sich in ***SynSets*** (oder Synonym-Mengen) organisieren. Jede dieser ***SynSets*** stellt einen einzelnen lexikalischen Begriff dar. ***WordNet*** enthält etwa 95.600 unterschiedliche „Wörter“ (51.500 einfache Grundformen und 44.100 Zusammensetzungen), die sich in etwa 70.100 Wortbedeutungen (bzw. SynSets) eingliedern lassen.

Was sind Synonym-Mengen? Als Grundlage der lexikalischen Semantik gilt die Erkenntnis, dass ***ein Wort*** eine konventionelle Verknüpfung zwischen einer sprachlichen Äußerung und einem lexikalischen Begriff ist. Das Wort ***Wort*** führt oft zu Problemen, da es oft nicht klar ist, was man mit dem Wort ***Wort*** genau sagen will. Um dieser Verwirrung zu entgehen, empfiehlt George Miller (vgl. 1993, 3-4) die folgenden zwei Fachausdrücke: Die ***Wortform*** nach Miller sei mit der sprachlichen Äußerung – auch mit der schriftlichen Darstellung dieser Äußerung – gleichzusetzen. Unter ***Wortbedeutung*** hingegen sei der lexikalische Begriff zu verstehen, den eine ***Wortform*** ausdrückt. Da Millers semantische Bezeichnung ***Wortform*** nicht mit unserer syntaktisch-morphologischen Bezeichnung ***Wortform*** übereinstimmt, werden wir als Ersatz den Begriff ***lexikalisches Zeichen*** benutzen.[24] Wir werden sagen, dass ein ***lexikalisches Zeichen*** (anstelle von „Wortform“) eine ***Wortbedeutung*** ausdrückt. Ein ***lexikalisches Zeichen*** kann eine oder manchmal mehrere ***Wortbedeutungen*** ausdrücken. Drückt ein lexikalisches Zeichen mehr als eine Wortbedeutung aus, bezeichnet man es als ***polysem*** oder polysemantisch. Eine Wortbedeutung kann durch eine oder manchmal durch mehrere lexikalische Zeichen ausgedrückt werden. Wird eine Wortbedeutung durch mehr als ein lexikalisches Zeichen ausgedrückt, nennt man diese lexikalischen Zeichen ***Synonyme***. Dies mag wohl offenkundig sein,

[24] Die Bezeichnung ***lexikalisches Zeichen*** ist allgemein gebräuchlich in der Semantik. Vgl. u. a. Bußmann 2002.

verdeutlicht jedoch die innere Struktur von *WordNet*, dessen Einträge nicht lexikalische Zeichen, sondern Wortbedeutungen sind. Man bezeichnet diese Wortbedeutungen als ***SynSets*** (oder Synonym-Mengen). Eine SynSet wird in der Regel als eine mathematische Menge dargestellt: z.B. **{erhöhen, steigern, vergrößern}** ist eine Synset, deren Elemente, die lexikalische Zeichen sind, ihre einzige Wortbedeutung ausdrücken.

Anders als Synonymie, die eine Beziehung zwischen lexikalischen Zeichen darstellt, ist die ***Hyponymie*** bzw. ***Hyperonymie*** eine lexikalische Beziehung zwischen Wortbedeutungen. Zum Beispiel **{Birke}** ist ein Hyponym von **{Laubbaum}**. Dagegen ist **{Baum}** ein Hyperonym von **{Laubbaum}**. Die Einträge in *WordNet*, die wie gesagt SynSets sind, werden hierarchisch strukturiert. Eine SynSet hat in der Regel eine übergeordnete SynSet (ein Hyperonym) und mehrere untergeordnete SynSets (mehrere Hyponyme) (vgl. Miller 1993, 8). *WordNet* behandelt auch weitere lexikalische Beziehungen: Als Mereologie bezeichnet man die Theorie der Teile (griech. *meros* = Teil) und des Ganzen. Die SynSet **{Hand}** ist z.B. ein Mereonym von **{Arm}**. *WordNet* führt den Begriff ***Holonym*** (griech. *hólos* = Ganze) ein: Die SynSet **{Hand}** ist beispielsweise ein Holonym von **{Finger}**.

Welchem Zweck dient *WordNet* in Links *Poetry Machine*? Link behauptet, er verwende *WordNet* als Wortartbestimmungsprogramm (vgl. Link 2002, 150). Unsere Erfahrung zeigt, dass sich *WordNet* relativ schlecht als Wortartbestimmungsprogramm eignet. Warum? Nahezu jeder englische Satz enthält mindestens ein mehrdeutiges lexikalisches Zeichen, das sich mehr als einer Wortart zuordnen lässt. Selbst scheinbar eindeutig als Substantive erkennbare lexikalische Zeichen wie „cat", „dog" oder „rabbit" lassen sich flexionslos in Verben umwandeln: 1. to cat (sich übergeben): "Did he cat on the floor?" 2. to dog (jagen): "The policemen will dog the burglar." 3. to rabbit (Hasen jagen): "We like to rabbit." Umgekehrt gibt es scheinbar eindeutig als Verben erkennbare lexikalische Zeichen, die als Substantive verwendet werden können. 1. a go (ein Versuch): "I'll have a go." 2. a think (eine Überlegung): "I'll give it a good think." 3. a meet (ein Sportereignis): "How was the meet?" Da lexikalische

Zeichen wie „cat“ und „dog“, die scheinbar nahe liegend als Substantive zu identifizieren sind, im Rahmen von *WordNet* keiner absolut eindeutigen syntaktischen Kategorie zuzuordnen sind, kann *Poetry Machine* kaum einen Satz nutzen und wird wahrscheinlich nur einen sehr kleinen Anteil der eingelesenen Sätze in syntaktische Formeln umwandeln können. Offensichtlich stellt dies trotzdem kein großes Problem dar, denn das Internet (s.o. Kapitel 6.2, Kapitel 6.3) bietet eine astronomische Anzahl von Sätzen an. Würde das Programm die Umwandlung der problematischen Sätze unterlassen und lediglich die restlichen verarbeiten, könnte es trotzdem eine ausreichende Menge von syntaktischen Formeln herstellen.

Wir wollen *WordNet* anders einsetzen und als semantisches Netzwerk verwenden. Die *WordNet*-Software und ihre Datenbanken (in „C“ entwickelt) bauten wir unmittelbar in unsere Poesiemaschine ein. Wir vergewisserten uns, dass die *WordNet*-Funktionen die richtigen Werte lieferten. Bei der Konstruktion des zweiten Poesie-Erzeugers (des Hähnchens) wird es dann unsere Absicht sein, semantische Netzwerke, die dem in *Poetry Machine* verwendeten gewichteten Graphen ähneln, durch die *WordNet*-Funktionen herzustellen. Die Herstellung von unseren semantischen Netzwerken wird in einem späteren Kapitel besprochen (Kapitel 8.1 »Semantische Netzwerke durch *WordNet*«).

7.3 Basiselemente

Wir erwähnten schon, dass sowohl Links *Poetry Machine* als auch *WordNet* die rein syntaktischen Elemente einer Sprache ausfiltern. Dies wollten wir auch. Wir entwickelten ein Leseverfahren, in dem die Anzahl von allen vorhandenen Wortformen gezählt und dabei die am häufigsten erscheinenden Wortformen festgestellt wurden. Die eingelesenen Texte wurden unterschiedlichen Quellen entnommen, um einen repräsentativen Querschnitt zu sichern. Die Wortformen, die im Leseverfahren als ***Basiselemente*** markiert worden waren, wurden in eine Textdatei eingetragen. Diese Datei kann immer wieder leicht bearbeitet und jederzeit neu in unser Programm importiert werden. David Link erwägt ein solches Leseverfahren in seiner Dissertation, obwohl er es in *Poetry Machine* nicht implementiert (vgl. Link 2002, 150).

Wir entschieden uns für 500 Wortformen, von denen ungefähr 430 durch das Leseverfahren festgestellt wurden. Die etwa 70 letzten Wortformen wurden nachträglich in die Datei eingefügt. Hierbei handelt es sich um seltenere Wortformen, die jedoch eindeutig als Basiselemente einzuordnen sind, einige Beispiele dafür sind „upon", „despite", „moreover", „nonetheless", „ourselves", „must've". Wir beschlossen, extrem häufig erscheinende Wortformen, die im Grunde genommen nicht als rein syntaktische Elemente gelten, trotzdem als Basiselemente zu betrachten, einige Beispiele dafür sind „hand", „word", „sees", „made", „went", „says", „knowing", „body", „part", „name".

Bei der Herstellung syntaktischer Formeln werden unsere Basiselemente von praktischer Bedeutung sein: In einem weiteren Leseverfahren werden Sätze aus eingelesenen Texten in syntaktische Formeln umgewandelt. Die Basiselemente, die in einem umzuwandelnden Satz auftreten, stellen die statischen Wortformen der syntaktischen Formel dar. Die restlichen Wortformen des Satzes werden (in der Regel) den austauschbaren Wortformen der syntaktischen Formel zugeordnet. Auf die Einzelheiten unserer syntaktischen Formeln gehen wir in einem späteren Kapitel ein (Kapitel 8.2 »Syntaktische Formeln mit dem manuellen Tagger«).

7.4 POS-Tagger

POS-Tagger (POS = eng. *part-of-speech* = Wortart) sind Wortartbestimmungsprogramme. Das heißt, sie sind Programme, die die Wortformen eines Satzes (oder eines Texts) je einer bestimmten Wortart zuordnen. Üblicherweise lernt man in der Schule, wie mögliche Wortarten – beispielsweise Substantive, Verben, Adjektive, Adverbien, Präpositionen, Pronomina, Artikel, Konjunktionen usw. – zu identifizieren sind. Der Schüler versucht, die Wortart aus der lexikalischen Bedeutung der

Wortform zu erschließen. POS-Tagger hingegen können die Bedeutung eines Wortes nicht verstehen, sie wenden komplexe Algorithmen an, die ähnlich den Berechnungen von Markovketten (s.o. Kapitel 6.1 »Dissertation«) die Übergangswahrscheinlichkeiten zwischen Wortformen (und Wortketten) kalkulieren und dadurch die Wortformen den richtigen Wortarten zuordnen. Dieser Prozess ist viel schwieriger als man vermuten würde, weil viele Wortformen – besonders in der englischen Sprache – ambigue sind. Ein gutes Beispiel ist die englische Wortform ***still***, die als nahezu jede Wortart erscheinen kann: 1. ***Substantiv:*** „the still of the night." 2. ***Verb:*** „I drink vodka to still my nerves." 3. ***Adjektiv:*** „the bay was very still." 4. ***Adverb:*** „Please sit still!" 5. ***Konjunktionaladverb*** (als ***trotzdem***)***:*** "It's still a lot of money." 6. (als ***noch***)***:*** „It's still raining." 7. (als ***sogar***)***:*** „Still another problem".

POS-Tagger erleben zuerst eine ***Trainingsphase***: Durch ein ***Korpus***, in dem die Wortarten schon identifiziert sind, wird dem Programm beigebracht, wie das Tagging-Verfahren ablaufen soll. Nachdem der Tagger schon viele vormarkierte Texte verarbeitet hat, ist er in der Lage, die Wortformen weiterer Texte ohne Hilfe und mit relativ gutem Erfolg (etwa 97%) zu identifizieren. In der Schule wird unterrichtet, dass es im Englischen acht Wortarten gibt. Die fortgeschrittensten POS-Tagger unterteilen die englische Sprache jedoch in mehr als 100 Wortarten, um die unvollkommene Entscheidungsfähigkeit des Computers durch eine höhere Differenzierung zu kompensieren.

Warum interessieren wir uns für POS-Tagger? Wir möchten – wie in Links *Poetry Machine* – syntaktische Formeln herstellen. Wir erwähnten, dass Link durch *WordNet* Sätze in syntaktische Formeln umwandelt. Unserer Ansicht nach ist diese Lösung unbefriedigend, da *WordNet* wegen der vielen mehrdeutigen Wörter der englischen Sprache auf erhebliche Probleme stößt. POS-Tagger sind in der Lage, derartige Ambiguitäten leicht aufzulösen und eignen sich deshalb viel besser zur Herstellung von syntaktischen Formeln.

Der POS-Tagger von Radu Florian und Grace Ngai der John Hopkins Universität verwendet einen extrem fortgeschrittenen Algorithmus, der

»Transition-Based Learning« heißt – auf deutsch etwa „übergangswahrscheinlichkeitsorientiertes Lernverfahren" (vgl. Florian 2001). Der Algorithmus basiert auf dem renommierten POS-Tagger von Eric Brill (vgl. Brill 1995, 545-552) und wendet ein strategisches Optimierungsverfahren zur Wiederherstellung von multidimensionalen Transformationsregeln an, was den ursprünglichen Brill-Algorithmus beträchtlich beschleunigt (vgl. Florian 2001, 42-44). Die Software, die in derselben Programmiersprache (Microsoft C++) wie unsere Poesiemaschine entwickelt wurde, schien für unsere Zwecke ideal zu sein.

Wir versuchten den POS-Tagger von Florian und Ngai in unsere Poesiemaschine zu integrieren. Obwohl wir die Software in kurzer Zeit kompilieren konnten, erwies sich die Herstellung der Trainingsdateien als extrem zeitaufwendig. Nach einigen frustrierenden Tagen mussten wir uns eingestehen, dass wir eine schneller implementierbare Lösung finden mussten. Wir entschieden uns dafür, die Einarbeitung des von Florian und Ngai erfundenen POS-Taggers aufzugeben und selbst einen einfacheren, benutzerunterstützten POS-Tagger zu erstellen. Unser vereinfachter POS-Tagger, der die Herstellung syntaktischer Formeln ermöglicht, wird in einem späteren Kapitel ausführlich beschrieben (Kapitel 8.2 »Syntaktische Formeln mit dem manuellen Tagger«).

7.5 Flexionslenker

Wörter, die aus unseren ***semantischen Netzwerken*** (vgl. Kapitel 8.1 »Semantische Netzwerke durch *WordNet*«) gelesen werden, sind in der Regel ***unflektierte*** Formen. Das heißt, Verben sind im Infinitiv, Substantive sind im Singular und Adjektive sind ohne Steigerung. Bei der Umwandlung einer syntaktischen Formel in einen Satz, müssen die austauschbaren Stellen der Formel häufig mit ***flektierten*** Wortformen gefüllt werden (vgl. Kapitel 8.2 »Syntaktische Formeln mit dem manuellen Tagger«). Dies erfordert die Fähigkeit, eine ***unflektierte*** in eine ***flektierte*** Form zu übertragen.

Es ist der ***Flexionslenker,*** der die Aufgabe hat, sowohl regelmäßige als auch unregelmäßige Flexionen zu verwalten. Regelmäßige Flexionen werden algorithmisch (nach grammatischen Regeln) erzeugt. Unregelmäßige Flexionen werden in einer Datenbank gespeichert. Hierbei handelt es sich um die Konjunktion von unregelmäßigen Verben ("do/did/has done"), die Pluralbildung unregelmäßiger Substantive („mouse/mice, child/children") und die unregelmäßige Bildung von Adjektiven im Komparativ und Superlativ („wet/wetter/wettest").[25]

Die Herstellung dieser Komponente beanspruchte viel Zeit, da sehr viele unregelmäßige Flexionsformen zunächst festgestellt und dann manuell eingetragen werden mussten. Einige Flexionsformen konnten jedoch aus den sekundären Dateien extrahiert werden, die zu *WordNet* gehören und die zur Zurückführung flektierter Formen in ihre Grundformen dienen.

---

[25] Das Adjektiv „wet" ist unregelmäßig, insofern als die Steigerungsformen nicht mit „more" und „most" gebildet werden.

8 Zubereitung des Hähnchens

Was machen wir mit dem Hähnchen? Wir beginnen wieder mit unseren ***methodischen Einschränkungen***, die im Kapitel 3 »Was muss ein Poesie-Erzeuger können?« aufgelistet wurden und fassen noch einmal zusammen: Unser erster Poesie-Erzeuger, der Wurm, berücksichtigt die ***formellen*** und ***akustischen*** methodischen Einschränkungen. Seine Gedichte bestehen aus Strophen und Versen, sie reimen. An den ***syntaktischen*** und ***semantischen*** Einschränkungen scheitert der Wurm jedoch kläglich. David Links *Poetry Machine* bietet fortgeschrittene, vor allem ***syntaktisch*** und ***semantisch*** leistungsfähige Algorithmen an, die wir in unsere Poesiemaschine eingliedern möchten. Es gibt jedoch ein Problem. Die Algorithmen in *Poetry Machine* werden durch eine unerschöpfliche Datenquelle gespeist, nämlich das ***Internet***. Mit einem Internet-Browser – z. B. Microsoft® Internet Explorer oder Netscape® Navigator – können wir zwar auch sehr leicht im Internet surfen. Erhebliche technische Schwierigkeiten für uns brächte jedoch das maschinelle Einlesen unmittelbar aus dem Internet. Erforderlich wären sowohl ein leistungsfähiger Internetanschluss mit großer Bandbreite als auch neue, spezielle Software, was kostspielig und auch mit großem Zeitaufwand verbunden wäre. Gesucht wird deshalb eine ähnliche, jedoch unentgeltliche und schneller realisierbare Lösung, die die wichtigsten Eigenschaften der Algorithmen in *Poetry Machine* besitzt.

Die Berücksichtigung ***semantischer Einschränkungen*** wird in *Poetry Machine* durch ein semantisches Netzwerk ermöglicht (s.o. Kapitel 6.2 »Poesiemaschine *Poetry Machine*«). Das Netzwerk, bei dem es sich um einen gewichteten, ungerichteten Graphen handelt, wird durch das Einlesen von Webseiten hergestellt. Erscheinen zwei Wörter im gemeinsamen Satz, wird eine Beziehung zwischen diesen Wörtern festgestellt. Es gibt jedoch viele andere Arten von semantischen Netzwerken. *WordNet*, die oben beschriebene lexikalische Datenbank von der Universität Princeton, lässt sich wie erwähnt ebenfalls als semantisches Netzwerk verstehen (vgl. u. a. Sowa 2006). Da *WordNet* in der Programmiersprache **C** entwickelt wurde, konnten wir die *WordNet*-Bibliotheken ohne großen Einsatz unmittelbar in unser Programm einbauen. In *WordNet* stehen ***lexikalische Zeichen*** auch in Verbindung zueinander. Sowohl lexikalische Zeichen mit derselben Bedeutung (Synonyme) als auch die mit einer verwandten Bedeutung (Hyponyme, Hyperonyme, Mereonyme, Holonyme) lassen sich leicht feststellen. In **Kapitel 8.1** »Semantische Netzwerke durch *WordNet*« greifen wir die Idee eines internetfreien semantischen Netzwerks auf.

Syntaktische Einschränkungen beachtet *Poetry Machine*, indem sie eine Menge syntaktischer Formeln als eine Art ***Variablenskript*** anwendet (s.o. Kapitel 6.2 »Poesiemaschine *Poetry Machine*«). Die Herstellung von Texten durch das Variablenskript steht in Links Dissertation (2002, 24-34) im Vordergrund und wurde auch in der vorliegenden Arbeit diskutiert (s.o. Kapitel 6.1 »Dissertation«). Im Fall des Hähnchens ist das Ziel, syntaktische Formeln auf ähnliche Weise zu verwenden, allerdings ***ohne*** Internetanschluss. In *Poetry Machine* erfordert die Umwandlung englischer Sätze in syntaktische Formeln sowohl das Lesen aus dem Internet als auch die Fähigkeit von *WordNet*, den Wortformen ihre Wortarten zuzuordnen. Für die Wortartbestimmung taugt *WordNet* nicht besonders gut. Für diese Aufgabe eignet sich der ***POS-Tagger*** (POS = eng. ***part of speech*** = Wortart), der auf wahrscheinlichkeitstheoretischen Ansätzen basiert, weitaus besser. Die Einarbeitung eines solchen bereits bestehenden POS-Taggers erwies sich leider als problematisch. Erfunden wurde ein einfacher benutzerunterstützter POS-Tagger, den wir in **Kapitel 8.2** »Syntaktische Formeln durch den manuellen Tagger« erörtern.

Wenn die von *Poetry Machine* inspirierten ***syntaktischen*** und ***semantischen*** Algorithmen auch die wichtigsten Techniken des Hähnchen-Compilers darstellen, gibt es doch noch andere Aspekte. In **Kapitel 8.3** »Zusätzliche Zutaten« wird das Hähnchen-Rezept in seine Einzelteile zerlegt. So wie wir uns in Kapitel 5.6 »Wurmstichige Gedichte« ein paar

Gedichte unseres ersten Poesie-Erzeugers (des Wurms) anschauten und kurz besprachen, bieten wir in **Kapitel 8.4** »Flugunfähige Federzüge« auf ähnliche Weise einige Hähnchen-Gedichte an, deren Merkmale wir hinterher diskutieren. In **Kapitel 8.5** »Hinsichtlich des Hähnchens« fragen wir uns schließlich, was wir mit dem Hähnchen leisteten und wie es mit unserem dritten Poesie-Erzeuger (dem Hirsch) weiter geht.

8.1 Semantische Netzwerke durch *WordNet*

Was ist ein semantisches Netzwerk? Im weitesten Sinn ist es ein mathematischer Graph, der auf irgendeine Weise ***Wissen*** darstellt. Ein solcher Graph besteht aus Knoten und Kanten. Kanten verbinden Knoten miteinander, um gewisse Beziehungen darzustellen. John Sowa beschreibt sechs Arten von semantischen Netzwerken: 1. das ***definitionale***, 2. das ***assertionale***, 3. das ***implikationale***, 4. das ***exekutionale***, 5. das ***lernende***, 6. das ***hybride*** (vgl. Sowa 1984, 7-66; 2000, 34-56; s. a. Brachman 1979, 3-10). Ein ***definitionales*** semantisches Netzwerk repräsentiert Wissen über die Beziehungen zwischen ***Begriffen***. Die Knoten eines solchen Netzwerks werden häufig hierarchisch abgestuft. Jeder Begriff lässt sich in der Regel mit einem übergeordneten Begriff und mehreren untergeordneten Begriffen verbinden. Ein Beispiel wäre der Begriff „Fisch", der vielleicht den Oberbegriff „Wirbeltier" und die Unterbegriffe „Haifisch", „Aal", „Forelle" usw. hätte. Andere syntaktische Netzwerke sind in der Regel weitaus komplizierter. Sie können die Fakten einer möglichen Situation schildern (***assertional***), einen Entscheidungsprozess modellieren (***implikational***) oder jederzeit ihre eigene Struktur ändern (***exekutional***) (ebd.). Ein ***lernendes*** semantisches Netzwerk steht in Wechselbeziehung zu seiner Umwelt. Es lernt. Der durch das Internet-Leseverfahren hergestellte, gewichtete, ungerichtete Graph in *Poetry Machine* ist ein Beispiel des lernenden semantischen Netzwerks. Obwohl Netzwerke dieser Art oft sehr komplex sind, ist das lernende semantische Netzwerk in *Poetry Machine* extrem simpel (s.o. Kapitel 6.2 »Poesiemaschine *Poetry Machine*«). Jede seiner Kanten enthält lediglich eine einzige Zahl, die die allgemeine Stärke der Beziehung zwischen zwei lexikalischen Zeichen zeigen soll.

Wie lässt sich nun *WordNet* als semantisches Netzwerk verstehen? Obwohl *WordNet* im Grunde eine ***Datenbank*** ist, kann man es auch als Graphen ansehen. Die Tabellen der Datenbank sind mit den Knoten des Graphen, die Verknüpfungen der Datenbank mit den Kanten des Graphen gleichzusetzen. Da *WordNet* unterschiedliche Beziehungen zwischen Begriffen – Synonymie, Hyponymie, Hyperonymie, Mereonymie, Holonymie usw. – darstellt (vgl. Miller 1993, 6-9), gilt es als ***definitionales*** semantisches Netzwerk.

Wie stellen wir die semantischen Netzwerke in unserer Poesiemaschine her? Die Daten aus der *WordNet*-Datenbank lassen sich auf unserem Notebook verhältnismäßig langsam abrufen. Wir möchten deutlich kleinere, leicht manipulierbare semantische Netzwerke herstellen, weil wir an Geschwindigkeit denken müssen: Ein Poesie-Erzeuger, der ein paar Stunden braucht, ein Gedicht hervorzubringen, wird wenig Begeisterung auslösen.

Beginnt man mit einem einzigen Wort (bzw. einem lexikalischen Zeichen), kann man durch *WordNet* leicht alle Synonyme, Hyponyme, Hyperonyme, Mereonyme und Holonyme für dieses Wort „einsammeln". Danach hat man vielleicht 50 Wörter (das eine ursprüngliche und die 49 neuen). Da einige der 49 neuen Wörter mehrdeutig sein werden, wird das Suchen nach Synonymen, Hyponymen usw. für jedes der 49 Wörter wiederum neue Wörter ergeben. Dieser Prozess lässt sich mehrmals wiederholen, bis ungefähr 2.000 Wörter gesammelt worden sind. Was entsteht, ist ein Netzwerk von verwandten Wörtern (bzw. lexikalischen Zeichen). Dabei werden nicht nur die in *WordNet* dargestellten Wortbeziehungen (Synonyme, Hyponyme usw.) abgebildet, sondern auch darüber hinausreichende Mehrdeutigkeiten (die ***Polysemie***). Was Poesiemaschinen angeht, so betont Hans Magnus Enzensberger: „Je mehr latente Polysemien es [das Material] enthält, desto besser" (2000, 49). Enzensberger redet über „das gesuchte Wort" (1962, 52): Unter den wichtigsten ***Bedingungen***, die ein gesuchtes Wort erfüllen muss, seien „semantische Repräsentanz, und womöglich Mehrwertigkeit, Polyvalenz“ (ebd.). Enzensberger erklärt, „[m]ehrwertig ist eine Vokabel dann, wenn sie es erlaubt, mehr als eine Beziehung zum gegebenen Text herzustellen“ (ebd.). Unter ***Polyvalenz*** sei, so Robert de Beaugrande und Wolfgang Dressler, eine Art „beabsichtigte Mehrdeutigkeit“ zu verstehen.[26] Mithilfe unserer semantischen Netzwerke, die verschiedenste Wortbeziehungen in Betracht ziehen, beabsichtigen wir derartige Bedingungen zu erfüllen.

Was muss der Benutzer tun, um ein semantisches Netzwerk herzustellen? Der Benutzer trägt einige Wörter in einen Dialog ein (siehe **Abbildung 8.1**). Aus der *WordNet*-Datenbank werden Wörter (bzw. lexikalische Zeichen) gesammelt, die in irgendeiner Verbindung zu den eingetragenen

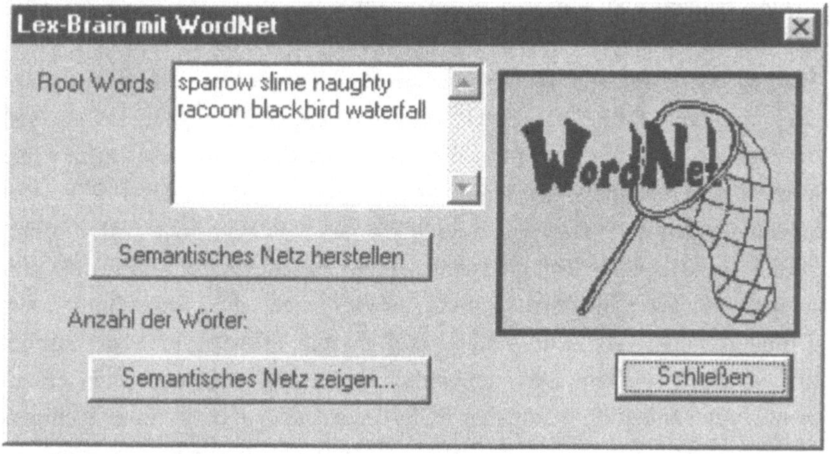

Abbildung 8.1 Dialog für ein semantisches Netzwerk

Wörtern stehen. Der rekursive Suchprozess wiederholt sich (s.o.), bis etwa 2.000 Wörter (bzw. lexikalische Zeichen) gesammelt worden sind. Die

[26] Beaugrande, Robert de; Dressler, Wolfgang 1981: *Einführung in die Textlinguistik*, 88: „Eine bleibende Unbestimmtheit kann MEHRDEUTIGKEIT genannt werden, wenn sie vermutlich nicht in der Absicht des Sprechers gelegen ist, oder POLYVALENZ, wenn der Texterzeuger wirklich mehrere Sinne zugleich übermitteln wollte.“

gesammelten Wörter lassen sich als eine Teilmenge des gesamten *WordNet*-Netzwerks verstehen. Da diese Teilmenge verhältnismäßig klein ist und sich im Arbeitsspeicher befindet, wird die Herstellung von Gedichten erleichtert und beschleunigt.

8.2 Syntaktische Formeln mit dem manuellen Tagger

Die kombinatorischen Möglichkeiten syntaktischer Formeln wurden schon in Kapitel 6.2 »Poesiemaschine *Poetry Machine*« und in Kapitel 6.3 »Einfälle und kritische Anmerkungen« behandelt. Diese kombinatorischen Überlegungen sind sehr wichtig. Sie werden jedoch hier nicht erneut aufgenommen. Dieses Kapitel dient vor allem dazu, unsere Implementierung syntaktischer Formeln zu dokumentieren.

Warum verwenden wir einen manuellen POS-Tagger? Wir erklärten schon, dass wir uns für POS-Tagger interessierten: POS-Tagger gelten als vorzügliche Lösung sowohl für Wortartbestimmung als auch für allgemeine maschinelle Sprachverarbeitung (vgl. van Guilder 1995). Wir versuchten den POS-Tagger von Radu Florian und Grace Ngai (vgl. Florian 2001, 40-47) in unsere Poesiemaschine zu integrieren. Obwohl die Integration der Software gelang, erwies sich die Herstellung der Trainingsdateien als sehr zeitaufwendig. Wir mussten eine praktische Entscheidung treffen. Als vereinfachte Lösung erfanden wir einen benutzerunterstützten, manuellen POS-Tagger, der, auch wenn er weniger leistungsfähig ist, unsere Aufgabe, syntaktische Formeln herzustellen, genauso gut bewältigt.

Wie beginnt unser manueller Tagger mit der Herstellung syntaktischer Formeln? Wie in *Poetry Machine* werden elektronische Texte eingelesen, um tatsächliche englische Sätze in Formeln umzuwandeln. Die Texte werden jedoch ***nicht*** unmittelbar aus dem Internet gelesen, sondern müssen erst heruntergeladen und danach in einfache Textdateien übersetzt werden. Dies geschah durch uns. Auf einem Dialog wählt der Benutzer eine bestimmte Textdatei aus, um die Umwandlung der Inhalte dieser Datei in syntaktische Formeln durchzuführen (siehe **Abbildung 8.2**). Die Texte, die wir verwendeten, stammen aus dem elektronischen Korpus *Project Gutenberg Literary Archive Foundation* (siehe Hart 2003) und sind amerikanische Gedichte aus der ersten Hälfte des 20. Jahrhunderts.

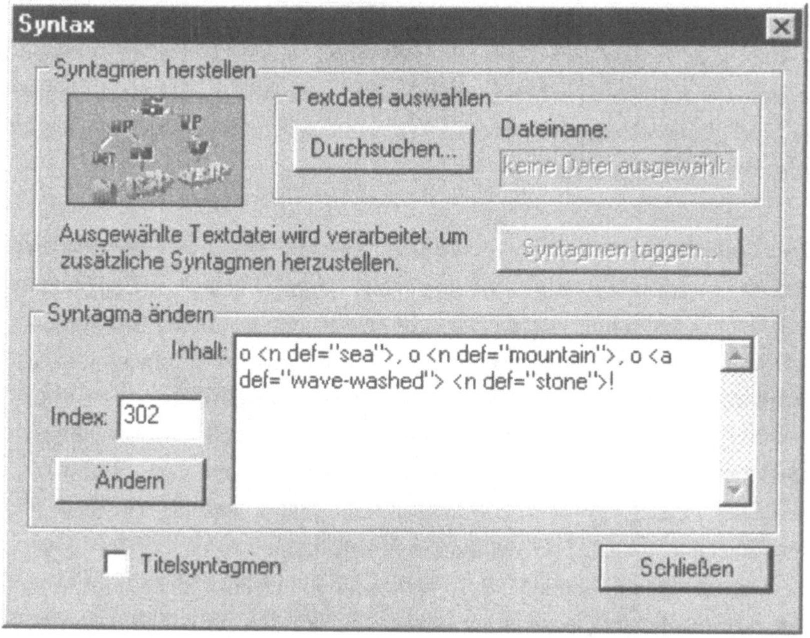

Abbildung 8.2 Dialog zur Herstellung syntaktischer Formeln

Warum beschränkten wir uns auf amerikanische Gedichte? Dies war wieder eine praktische Entscheidung. Es stellt sich jedoch heraus, dass eine kleinere Menge von ausschließlich lyrischen Texten eine sehr große Menge von Internet-Texten an syntaktischer Variationsbreite übertrifft. Warum? Internet-Texte sind überwiegend in Prosa verfasst und solche Texte vermeiden von daher fast ausnahmslos ungewöhnliche syntaktische Formulierungen. Das heißt, unsere syntaktischen Formeln sind ein bisschen „freier" als die von *Poetry Machine*. Ansonsten ist das Prinzip das gleiche.

Der Laie könnte vielleicht vermuten, dass es von großer Bedeutung sei, dass Gedichte verwendet werden, um Gedichte herzustellen. Die Verbindung zwischen eingelesenen und produzierten Texten ist jedoch ***extrem indirekt***. Bei der Herstellung von syntaktischen Formeln (sowohl in *Poetry Machine* als auch in unserer Poesiemaschine) geht es darum, das syntaktische Verhalten der englischen Sprache *erfahrungsgemäß* zu modellieren. Syntaktische Formeln sind Rohmaterial: Sie haben fast keine Bedeutung und weisen entweder keine oder nur minimale Originalität auf. Sie ermöglichen lediglich, dass die grammatischen Regeln der englischen Sprache beachtet werden.

Wie erzeugt unser Tagger syntaktische Formeln? Ein eingelesener Text wird in Segmente zerlegt, wobei unter Segment hier entweder eine Wortform oder ein Satzzeichen zu verstehen ist. Die Erscheinung bestimmter Satzzeichen ermöglicht es, die Segmente in einen Satz zu gruppieren. Wird ein vollständiger Satz erkannt, werden ihre Wortformen überprüft. Diejenigen Wortformen im Satz, die zu den extrem häufigen englischen Wortformen bzw. zu den ***Basiselementen*** (s.o. Kapitel 7.3 »Basiselemente«) gehören, werden zu den statischen Wortformen der syntaktischen Formel. Die restlichen Wortformen werden (in der Regel) zu den variablen Stellen der syntaktischen Formel. Das heißt, eine syntaktische Formel besteht aus festen Wortformen, die (üblicherweise) zu den Basiselementen gehören, und aus „Lücken", die später im Schreibprozess gefüllt werden.

Wie werden syntaktische Formeln angewandt, um die Verse eines Gedichts zu schreiben? Im Fall des Hähnchen-Compilers wird aus einer syntaktischen Formel genau ein Vers gebildet. In unserem dritten Poesie-Erzeuger (dem Hirsch) gibt es keine 1:1-Beziehung zwischen Formel und Vers. Das heißt, wir werden auch Enjambements zulassen. Die **Abbildung 8.3** veranschaulicht den dreistufigen Prozess, der mit dem eingelesenen Satz beginnt und mit dem geschriebenen Satz abschließt:

1. gelesener Satz	He drove to a market to buy some oranges for his mother.
2. entsprechende syntaktische Formel	He <va def="drove"> to <ia> <n def="market"> to <v def="buy"> some <np def="oranges"> for his <n def="mother">.
3. einige mögliche Sätze, die aus dieser Formel gebildet werden könnten	He tumbled to an umbrella to rain some trains for his brain. He came to a house to sound some pounds for his cane. He parked to a stick to pickle some words for his pain.

Abbildung 8.3 der dreistufige Prozess:

1. Leseverfahren, 2. syntaktische Formel, 3. Schreibverfahren

Es ist zu beachten, dass jede austauschbare Stelle einer syntaktischen Formel „zu einer bestimmten *syntaktischen Kategorie* gehört“ (Grewendorf 1989, 166). Ein fortgeschrittener POS-Tagger kann anhand wahrscheinlichkeitstheoretischer Ansätze die syntaktische Kategorie nahezu jeder Wortform feststellen. Unser POS-Tagger hingegen ist darauf angewiesen, dass der Benutzer die syntaktische Kategorie erkennt. Auch Flexionsmerkmale sind zu identifizieren (für Substantive: Singular, Plural; für Verben: Infinitiv, Präsenz, Präteritum, Partizip usw.; für Adjektive: Steigerungsformen). Wenn das Verfahren auch nicht mit einem automatischen POS-Tagger konkurrieren kann, ist es doch verhältnismäßig einfach durchführbar, da der Computer den Großteil der Arbeit leistet. Für jede der zu bestimmenden Wortformen muss der Benutzer lediglich auf eine von 14 Schaltflächen drücken. Der Dialog wird in der **Abbildung 8.4** gezeigt. Ein Benutzer, der mit syntaktischen Kategorien vertraut ist und ausreichende Englischkenntnisse besitzt, kann in einer Stunde ungefähr 200 syntaktische Formeln herstellen. Wir stellten insgesamt 1.000 syntaktische Formeln her, aber es spricht nichts dagegen, dass man 20.000 herstellen könnte.

Syntaktische Formeln werden auch eingesetzt, um die Titel der Gedichte zu konstruieren. Tatsächliche Gedichtstitel aus dem gleichen Korpus (s.o.), die in der Regel nur aus Phrasen bzw. Satzteilen bestehen, lassen sich auf ähnliche Weise in syntaktische „Titelformeln“ umwandeln. Diese „Titelformeln“ werden von den üblichen „Versformeln“ getrennt und im

Schreibverfahren nur zur Herstellung von Gedichtstiteln angewandt. Wir haben etwa 90 syntaktische Titelformeln hergestellt.

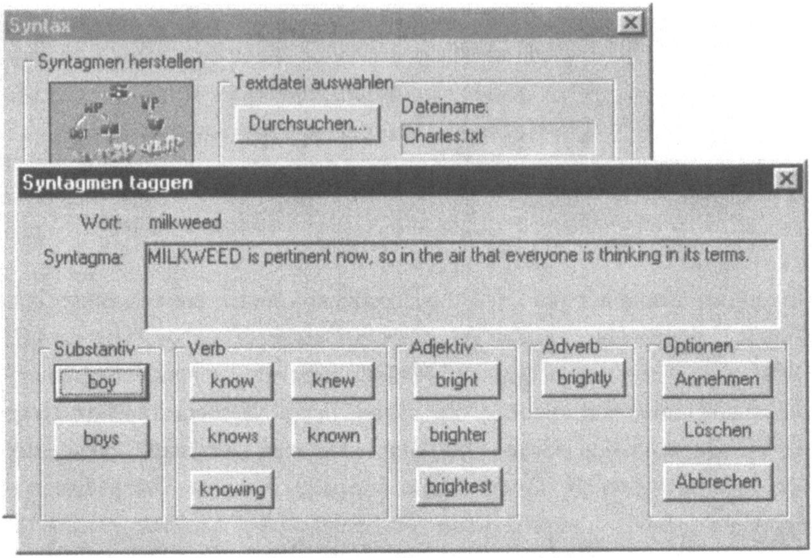

Abbildung 8.4 Dialog zur Feststellung syntaktischer Kategorie

Der übergeordnete Syntax-Dialog (siehe **Abbildung 8.2**) ermöglicht es auch, die schon hergestellten syntaktischen Formeln nachträglich zu bearbeiten. Macht der Benutzer während des Tagging-Verfahrens einen Fehler, kann er ihn später leicht korrigieren.

Anzumerken ist auch, dass Wortformen, die nicht zu den Basiselementen gehören, vom Benutzer in schwierigen Fällen als statische Textelemente markiert werden können (**Abbildung 8.4**: Auswahl der Schaltfläche „Annehmen"). Dies war unserer Ansicht nach erforderlich, weil man gelegentlich auf eine Wortform stößt, die für eine variable Textstelle schlecht geeignet ist. Ein Beispiel dafür ist die Wortform „thank" in dem Satz „And thank you for the flowers.", die sich schlecht austauschen lässt.

8.3 Zusätzliche Zutaten

Bei der Erstellung des Hähnchen-Compilers ging es vor allem um den Versuch, die ***syntaktischen*** und ***semantischen*** Fähigkeiten von *Poetry Machine* nachzuahmen.[27] Das Hähnchen besitzt jedoch noch andere Merkmale. Welche sind das? Und wie lassen sie sich mit den Hauptzutaten vermischen?

Der abgewiesene Wurm hinterließ uns zwei Schätze. Der erste ist die ***GGT-Grammatik*** (siehe Kapitel 5.1 »Gedichtgerüstbau anhand der GGT-Grammatik«), die eine Art für Gedichterzeugung geeignete generative Transformationsgrammatik darstellt. Sie sorgt dafür, dass jedes Gedicht eine gewisse ***Form*** besitzt. Hiermit meinen wir lediglich, dass das Gedicht in Strophen und in Verse gegliedert wird und vielleicht einen Titel hat.

Unser zweiter Erfolg sind die durch Zufallszahlen gelenkten ***Transformationsfunktionen***. Solche Funktionen können die gleichverteilten Zufallsergebnisse von einem Zufallsgenerator in eine beliebige, ungleiche Verteilung umwandeln (siehe Kapitel 5.3 »Überraschungseffekt«). Dies ermöglicht einen fast menschlichen Entscheidungsprozess, der einerseits auf Zufall beruht, andererseits gewisse Neigungen zeigt.

Wie erzeugt das Hähnchen ein Gedicht? Es beginnt mit der ***GGT-Grammatik***, die eine gewisse ***Gedichtform*** produziert. Die Generierung einer bestimmten Gedichtform durch die GGT-Grammatik wird von ***Zufallszahlen-Transformationsfunktionen*** beeinflusst, sodass einige Strophen- und Versstrukturen wahrscheinlicher als andere sind. Nach diesem Schritt werden die GGT-Tags, die die Verse und den Titel des Gedichts darstellen, durch ***syntaktische Formeln*** ersetzt, wobei jeder Vers genau einer syntaktischen Formel entspricht. Unmittelbar darauf werden die variablen Stellen der syntaktischen Formeln mit Wortformen aus

---

[27] Fähigkeiten nachzuahmen, heißt nicht, dass wir die Algorithmen von *Poetry Machine* kopierten. Unsere Ansätze, wenn auch ähnlich, waren völlig neu.

unserem ***semantischen Netzwerk*** (s.o. Kapitel 8.1 »Semantische Netzwerke durch *WordNet*«) gefüllt. Dieser Prozess erfordert den ***Flexionslenker,*** der den unflektierten Wortformen aus dem semantischen Netzwerk die richtigen Flexionsendungen zuweist. Schließlich wird die Formelvariable <ia>, die den unbestimmten Artikel (ia = eng. *indefinite article*) darstellt, entweder mit „a" oder mit „an" – den zwei möglichen Formen des unbestimmten Artikels im Englischen – ersetzt. Dieses Verfahren berücksichtigt ***nicht*** die schriftliche, sondern die phonetische Darstellung der darauf folgenden Wortform, da es Wortformen wie „ewe" [ju] oder „universe" [junivɜːs] gibt, für die der unbestimmte Artikel nicht aus der schriftlichen Darstellung der Wortform zu erschließen ist.

8.4 Flugunfähige Federzüge

In Kapitel 5.5 »Wurmstichige Gedichte« wurden drei Gedichte des Wurms präsentiert, die nachher kurz diskutiert wurden. Jetzt ist das Hähnchen dran. Wir werden uns vier Texte anschauen. Da dieses Kapitel vor allem dazu dient, dem Leser zu zeigen, was für Texte der Hähnchen-Compiler herstellen kann, werden wir zu jedem Gedicht lediglich ein paar Anmerkungen machen. Unserer Ansicht nach würden wir durch eine ausführliche Analyse vom eigentlichen Ziel dieser Arbeit abkommen. Obwohl der Hähnchen-Compiler gelegentlich titellose Gedichte herstellt, entscheiden wir uns hier für Gedichte mit Titeln, sodass wir sie im Text leichter auseinander halten können. Das erste Gedicht heißt »the pond« (der Teich):

the pond

the limitless term relaxes in its case, and we net little.
they hear them turtling inside like prisoners in a cell.
and knew he needed a hand, a pepper,
  something breathing to lean upon and make small talk.
sluice, can we ever hue these forths.

in crumbling narcotic tundra in minglings and lunch free in sunlight.
the mess is like a beached port.
to find them and feed them are one and the same.
the scotch drifts behind the eyes, drowns the family in substances.

Wo sollen wir anfangen? Natürlich mit den ***methodischen Einschränkungen*** aus unserem ***Wegweiser***. Die ***formellen*** Aspekte können wir kurz ansprechen. Die ***GGT-Grammatik*** sorgt dafür, dass das Gedicht in Verse und Strophen gegliedert wird. Im Fall des Hähnchen-Compilers wird jeder Vers aus genau einer syntaktischen Formel gebildet. Dies sieht man daran, dass jeder Vers mit dem Satzzeichen ***Punkt*** (.) abschließt. ***Akustische*** Einschränkungen werden im Hähnchen-Compiler nicht beachtet. Trotzdem gibt es Alliterationen (z.B. „knew he needed“, „find them and feed them“) und Assonanzen (z.B. „in minglings“, „behind the eyes“), die aus reinem Zufall entstehen. Reime gibt es jedoch nicht.

Wie sieht es mit den ***syntaktischen*** und ***semantischen*** Einschränkungen aus? Der Text, wenn nicht gerade verständlich, ist größtenteils grammatisch richtig. Anscheinend wurde die ***syntaktische*** Fähigkeit von *Poetry Machine* ziemlich erfolgreich nachgeahmt. Zur Herstellung des ***semantischen*** Netzwerks für das Gedicht »the pond« wurden sechs Wörter („sparrow“, „slime“, „naughty“, „racoon“, „blackbird“, „waterfall“) eingetragen. Da mehrere Wörter (bzw. lexikalische Zeichen) die Herstellung des Netzes antrieben, kann man über die Herleitungen der einzelnen im Gedicht erscheinenden Wortformen nur spekulieren. Tragen wir aber nur ein einziges Wort zur Herstellung des semantischen Netzwerks ein, sind die Herleitungen leichter erkennbar. Im folgenden Gedicht »like the winding of hope« (wie das Schlängeln der Hoffnung) wurde zur Herstellung des semantischen Netzwerks lediglich das Wort „snake“ eingetragen.

like the winding of hope

in the gravity, a twist grows a face from loneliness.
piece of string tied carelessly around a tree.
a tangible light sanding from the surface.
you turn and turn and turn dancing on the path
  like a grass needle gone crazy.

to be a surfboard one has to be born to it.
the slides wound warm in the constrictor.
he keeps folks at their distance for us both.
when the women of creeks surf a circular door,
  where treacherous venoms dominate.

waking up a blind.
you limbless girl in limbless weave, you physically harmless animal.
the water drifts behind the eyes, surfaces the family in tributaries.
doesn't it matter that hope worms me through the future,
  stretching one good serpent?

Das ***semantische*** Netzwerk lässt sich jetzt deutlich leichter analysieren. Gut vorstellbar ist, dass die Wortformen „winding“, „twist“, „string“ (Seil), „sanding“ (schängelt sich auf dem Sand?), „surface“ (auf einer Oberfläche), „turn“, „grass“ (idiomatische Wendung im Englischen: „snakes in the grass“) „surfboard“ (Surfbrett gleitet?), „slides“, „wound“ (dt. gewunden), „constrictor“ (südamerikanische Riesenschlange), “creeks” (eng. „snake“ bedeutet auch dt. „Fluss“; „creek“ ist eine Art Fluss), “surf” (wie „gleiten“), “circular” (sich im Kreis winden?), “venoms” (Schlangengifte), “blind” (Blindschleiche), „limbless“ (ohne Glieder), „weave“ (im Sinn von „winden“), „animal“, „tributaries“ („tributary“ ist eine Art Fluss), „worms“ (wie Schlangen), „stretching“ und „serpent“ aus dem semantischen Netzwerk genommen wurden. Zusätzliche schlangen-artige Bedeutungen tauchen ebenfalls im Gedicht auf, jedoch aller Wahrscheinlichkeit nach zum größten Teil durch Zufall, beispielsweise

„tied carelessly around a tree", „you turn and turn and turn", „dancing on the path like a grass needle gone crazy". Überraschend dichterisch wirken an vielen Stellen die seltsamen Kombinationen von Wortformen. David Link erklärt, „[d]aß die Nachahmung [menschlicher Texte] unvollkommen ist, sorgt für jene poetische Verfremdung, die ihre Texte spannend macht" (Link 2002, 149). Wir sollten uns hier bei David Link bedanken. Im Fall des Hähnchens sind unsere Erfolge vor allem auf die Kräfte von *Poetry Machine* zurückzuführen.

Das nächste Gedicht ist wirklich ein Hähnchen, denn bei der Herstellung des semantischen Netzwerks wurde das Wort „chicken" eingetragen. Das Gedicht heißt »cocking my hen«:

> cocking my hen
>
> in their beaks they skin the birds of my life:
> the daring I don't know how to tell.
> the poultries have lost their fishy winner they negate our barred wusses.
> it's all roasting: in the head or out, up the coast or down.

Von größtem Interesse sind wieder die ***semantischen*** Aspekte, da alle anderen methodischen Einschränkungen entweder vollständig berücksichtigt (***formell, orthographisch, syntaktisch***) oder vollständig vernachlässigt (***akustisch***) werden. Welche Wortformen, die von dem aus „chicken" gebildeten semantischen Netzwerk abgeleitet werden, sind zu erkennen? Es gibt „cocking" (eng. „cock" = dt. "Hahn"; auch eng. "cock" = dt. "Penis", derb), "hen" (Huhn), "beaks" (Schnäbel), „skin" (Haut des Hähnchens), „bird", „poultries" (Geflügel), „wusses" (eng. „chicken" bedeutet auch dt. „Feigling"; eng. "wuss" = dt. "Feigling"), "roasting" (Bratvorgang). Ein unbeabsichtigter semantischer Effekt befindet sich im Titel "cocking my hen" (klingt wie eine sexuelle Anspielung; ähnelt „cooking my hen"). Ein zweites, mit demselben semantischen Netzwerk hergestelltes Gedicht heißt »invisible roasters« (unsichtbare Gebratene):

invisible roasters

my four hens, I know, are levelled.
a barred confidence greying from the meat.
what I fear barely fills a soup.

everything rhymes with friers.
again, and still again their springs drift dangerously.
they'll brave my daring and cast me out unfit for a brave fryer.
my husband, he's so grilled, see him fowling there.

here is frank, later roaster and the small jungles of timids.
galluses stick up into the wimps and aid.
you see them bred in their grilled coffins like reds in doormats.

you've found the fowl, guarding a stewing of dangers
  none but a mule would fight a camel for, only a man a man.
beneath the meat, bird browns heart for a new face.
the chicks stay in their feathers.

Neue, offensichtlich aus dem „chicken"-Netzwerk hergeleitete Wortformen sind „meat" (Fleisch), „soup" (wie „Hühnersuppe"), „friers" (die Frittierten), „spring" (idiomatische Wendung im Englischen: „like a spring chicken"), „grilled" (gegrillt), „galluses" (eng. „gallus" = dt. „Hahn"), „wimp" (Feigling), „bred" (begattet), „fowl" (Geflügel), „stewing" (eng. „stew" = eine Art Suppe), „heart" (essbare Hühnerherzen), „chicks" (Küken), „feathers" (Federn).

8.5 Hinsichtlich des Hähnchens

Der Versuch, die poetische Gabe von *Poetry Machine* zu imitieren, ist gelungen. Abgesehen von der Gliederung der Texte (bzw. den ***formellen*** Eigenschaften) sind unsere Texte von denen, die *Poetry Machine* herstellt, kaum zu unterscheiden.

Schwer wahrnehmbare Unterschiede gibt es allerdings schon, denn bei unseren Algorithmen, die dem Vorbild von *Poetry Machine* nacheifern, handelt es sich um neue Ansätze. Wenn man sehr viele Hähnchen-Gedichte herstellt, fällt irgendwann auf, dass die kombinatorische Kraft des Hähnchens nicht mit der von *Poetry Machine* gleichzusetzen ist. Dies ist jedoch gleich wieder zu relativieren: Die Texte des Hähnchens werden von lediglich 1.000 syntaktischen Formeln hergestellt. Hätten wir statt 1.000 syntaktischer Formeln beispielsweise 10.000 syntaktische Formeln hergestellt, was uns zugegebenermaßen eine gute Woche mühseliger Arbeit gekostet hätte, wäre die kombinatorische Fähigkeit des Hähnchens vergleichbar mit der von *Poetry Machine*, wenn nicht ihr überlegen.[28]

Sowohl die guten als auch die weniger guten Merkmale von *Poetry Machine* wurden an das Hähnchen weitergegeben. ***Syntaktisch*** betrachtet sind die Gedichte des Hähnchens nicht ohne Probleme. Ein üblicherweise intransitives Verb erscheint mit Objekt („waking up a blind"), zum Beispiel im Gedicht »like the winding of hope«. Dass die Verse mit wenigen Ausnahmen grammatisch richtig sind, ist allerdings beeindruckend. Syntaktische Mängel können auch von Vorteil sein. Auch menschlich verfasste Verse verstoßen nicht selten gegen grammatische Vorschriften. Hans Magnus Enzensberger erklärt: „[w]ährend also die Logik einfacher Textautomaten auf [...] Regelmäßigkeit und Monotonie zielt, muß ein Poesie-Automat ein Maximum an [...] Überraschung [...] und begrenzter Regelverletzung anstreben" (2002, 31-32). ***Semantisch*** betrachtet sind die Gedichte noch weniger einwandfrei. Wenn die Gedichte des Hähnchens auch stellenweise Esprit zeigen, gelten die meisten Verse bestenfalls als eine Art unterhaltsamer Unsinn. Die semantischen Netzwerke sorgen jeweils dafür, dass Gedichte aus semantisch zusammenhängenden Wörtern bestehen.

[28] Wir erwähnten schon in Kapitel 8.2 »Syntaktische Formeln mit dem manuellen Tagger«, dass „kombinatorische Fähigkeit" nicht von der absoluten Anzahl syntaktischer Formeln abhängt. Eine Menge lyrischer (bzw. oft grammatisch ungewöhnlicher) syntaktischer Formeln kann mehr „Kreativität" aufweisen als eine viel größere Menge deutlich gleichmäßigerer syntaktischer Formeln, wobei unter „Kreativität" ***nicht*** die Anzahl der möglichen Kombinationen verstanden wird, sondern die Verschiedenartigkeit der möglichen Kombinationen.

Zusammenhängende Wörter reichen jedoch nicht aus, um einen sinnvollen Text zu produzieren. Da die Herstellung eines Verses weder den vorherigen noch den nachfolgenden Vers berücksichtigt, besitzt ein Hähnchen-Gedicht, zumindest aus ***semantischer*** Sicht, weder Anfang noch Ende (vgl. Enzensberger 2000, 50). Auch von einem Handlungsschema, einem erzählten Geschehen oder einer nachvollziehbaren Geschichte kann keine Rede sein (vgl. Martinez 2002, 25). Die in den Gedichten erscheinenden Pronomina sind fast ausnahmslos auf kein eindeutiges Substantiv zurückzuführen. Derartigen Problemen kann man teilweise entgehen, wenn man sich für ein einfaches, selbst verfasstes Variablenskript entscheidet. Tut man das, muss man jedoch nicht nur einen Mangel an Kombinationsvermögen ertragen: Man muss sich fragen, ob es sich dann überhaupt noch um eine echte Poesiemaschine handelt (s.o. Kapitel 6.3 »Einfälle und kritische Anmerkungen«).[29]

Was kombinatorische Leistungsfähigkeit angeht, erweist sich *Poetry Machine* als vorbildlich und beispiellos. *Poetry Machine* liest Texte und verwendet fortgeschrittene syntaktische und semantische Algorithmen, um das Gelesene in völlig neue und unvorhersehbare Texte umzuwandeln. Wir erklärten am Anfang dieses Kapitels, dass die perfekte Nachahmung von *Poetry Machine* nicht unser Ziel war. Wir suchten eine ähnliche, jedoch leichter realisierbare Lösung. Aus der ***syntaktischen*** bzw. ***semantischen*** Perspektive sind die Gedichte des Hähnchen-Compilers und die Texte von *Poetry Machine* kaum oder überhaupt nicht auseinander zu halten.

Lediglich eine Nachahmung von David Links *Poetry Machine* leistet keinen bedeutsamen Beitrag für die Zukunft der Computerpoesie. Das Hähnchen ist zum Glück weder das endgültige Tier noch der endgültige Poesie-Erzeuger. Im folgenden Kapitel »Die Eingeweide des Hirsches« wird unser letzter Poesie-Erzeuger, der Hirsch, an dem Hähnchen vorbeirennen.

[29] In Kapitel 11.1 »Über den Hirsch hinweg« schlagen wir eine andere Lösung für dieses Problem vor.

9 Die Eingeweide des Hirsches

Als wir mit der Entwicklung des ersten Poesie-Erzeugers (des Wurms) begannen, wussten wir nicht genau, was anzustreben war. Im Fall des Hähnchens war unser Ziel deutlich klarer: Wir wollten uns die syntaktischen und semantischen Fähigkeiten von David Links *Poetry Machine* aneignen. Darüber hinaus war auch klar, dass es sich bei dem Hähnchen lediglich um eine Zwischenlösung handelte. Eine leistungsstarke Poesiemaschine zu imitieren, wenn auch nicht gerade leicht, führt zu keinem greifbaren Fortschritt auf dem Gebiet der Computerpoesie. Im Fall des Hirsches ist unser Ziel auch klar. Jetzt geht es uns um die ***akustischen*** Einschränkungen eines Gedichts, die das Hähnchen vollständig ignoriert. Wichtig dabei ist auch, dass die in den Hähnchen-Compiler integrierten ***formellen***, ***syntaktischen*** und ***semantischen*** Fähigkeiten im Hirsch-Compiler erhalten bleiben.

Was genau meinen wir mit ***akustischen*** Einschränkungen? In Kapitel 7.1 »Carnegie Mellons phonetisches Wörterbuch« erklärten wir, dass uns die phonetische Darstellung nahezu jeder Wortform der englischen Sprache zur Verfügung steht. Diese phonetischen Daten spielen im Hähnchen-Compiler jedoch keine bedeutsame Rolle.[30] Die Gedichte des Hirsches sollen jetzt auch Reime bilden, aber nicht nur das. Die Verse des Hirsch-Compilers sollen auch metrische Regulierung in Betracht ziehen. Dies benötigt ein fortgeschrittenes silbenzählendes Verfahren, das zugleich die Komplexitäten der Reime, Alliterationen und Enjambements zur Kenntnis nimmt. Warum ist dies so schwierig? Würde man zuerst syntaktische Formeln in reimende, alliterierende Sätze umwandeln, wäre man in der Lage, die Silben dieser Sätze zu zählen. Enjambements wären jedoch unmöglich, da

[30] Phonetische Daten werden im Hähnchen-Compiler gelegentlich für Rechtschreibfragen herangezogen.

die Positionen derjenigen Wortformen, bei denen es sich um Endreime handeln würde, erst nach einem Enjambement-Herstellungsverfahren zu erkennen wären. Dies heißt, um zeilenspringende Sätze zu ermöglichen, sind Endreime im Grunde erst nach einem Enjambement-Herstellungsverfahren festzustellen. Würde man aber zeilenspringende syntaktische Formeln zusammenstellen und die Erfüllung der austauschbaren Textstellen auf später verschieben, könnte man die Anzahl der Silben eines Verses nicht vorhersagen. Das hört sich wahrscheinlich sehr kompliziert an. Wir können das Dilemma einfacher ausdrücken: Würden wir zuerst Sätze mit fester Silbenzahl herstellen, wären Endreime und Enjambements nicht miteinander vereinbar; würden wir erst syntaktische Formeln in Verse gliedern, hätten unsere Verse eine unbekannte und oft unerwünschte Anzahl von Silben.

In den nächsten zwei Kapiteln (**Kapitel 9.1** »Blocking« und **Kapitel 9.2** »Balancing«) präsentieren wir zwei fortgeschrittene Algorithmen, die uns einen Ausweg aus diesem Dilemma verschaffen. Darauf folgt ein Kapitel über die phonetische Darstellung unserer Gedichte (**Kapitel 9.3** »Phonetischer Beweis«). Wie bei dem Hähnchen führen wir ein paar Gedichte vor, damit der Leser den Hirsch mit eigenen Augen erblicken kann (**Kapitel 9.4** »Hirschhymnen«). Schließlich diskutieren wir, was wir mit dem Hirsch erreichten und welche Schwierigkeiten auftauchten (**Kapitel 9.5** »Zerlegung der Eingeweide«).

9.1 Blocking

Den Algorithmus, der eine Menge von unverarbeiteten syntaktischen Formeln in eine Strophenform gliedert, nennen wir ***Blocking***. Sowohl das englische als auch das deutsche Wort ***Block*** kann man als ***Quader*** verstehen. ***Blocking*** ist dann ein Verfahren, bei dem *etwas* in Quader geformt wird. Da die Verse einer Strophe des Hirsch-Compilers in der

Regel die gleiche Anzahl von Silben enthalten sollen, kann man eine Hirsch-Strophe als eine Art ***Block*** auffassen.

Eine kurze Diskussion über Versmaß soll uns einiges klar machen. Obwohl englische und deutsche Verse in der Regel dem akzentuierenden Versprinzip unterliegen (vgl. Burdorf 1997, 74-75), basiert der Algorithmus ***Blocking*** auf dem silbenzählenden Versprinzip, dem die Versdichtung beispielsweise des Französischen, des Spanischen oder des Portugiesischen unterworfen ist. Englische Gedichte, die sich nach dem silbenzählenden Versprinzip richten, existieren auch (vgl. Beum 1957, 259). Sie gelten allerdings als Sonderfälle.

Warum entschieden wir uns dann für das silbenzählende Versprinzip? Natürlich mussten wir den zeitlichen Rahmen im Auge behalten. So standen wir oft vor der Aufgabe, praktische und ästhetische Überlegungen gegeneinander abzuwägen.

Die Berücksichtigung von Betonung in unseren Gedichten wäre EDV-technisch zwar nicht trivial, aber durchaus zu bewältigen gewesen, hätte jedoch zu anderen Problemen geführt: Abgesehen davon, dass es einen weiteren Zeitaufwand dargestellt hätte, wäre die mögliche Auswahl – sowohl an Wörtern als auch an syntaktischen Formeln – aufgrund der zusätzlichen Einschränkung erheblich reduziert worden. Dies hätte bedeutet, dass wir wesentlich weniger Gedichte hätten bilden können.

Auch menschliche Lyrik weicht in Aussprache und Betonung oft drastisch von der ***alltäglichen*** Aussprache und Betonung ab. Der menschliche Verfasser ist jedoch imstande, zu erkennen, welche Abweichungen unproblematisch sind, welche sogar anrühren und welche dagegen zu Unverständlichkeiten führen. Dies kann der Mensch gut, weil er die Bedeutungen von Wörtern versteht. Für den Computer, der kein Wort „versteht", würde eine solche Fähigkeit eine Art künstliche Intelligenz erfordern. Dies läge nicht im Bereich des Möglichen für den uns gesetzten Zeitrahmen.

Schauen wir uns jedoch die Gedichte an, so werden wir feststellen, dass nur in den seltensten Fällen eine unübliche Betonung wirklich von Nachteil ist. In den meisten Fällen kann der verfremdende Effekt durchaus erwünscht sein.

Aber kehren wir zurück zum Thema ***Blocking***. Wie funktioniert ***Blocking***? Die austauschbaren Stellen einer syntaktischen Formel werden mit „gleitender“ Silbenanzahl berechnet. Minimale und maximale Silbenanzahl ergeben sich aus der festen Silbenanzahl der statischen Textelemente und der „gleitenden“ Silbenanzahl der austauschbaren Stellen. Wir werden ein Beispiel einführen: Die folgende syntaktische Formel *you are <a def=“ready“> to <v def=“return“>.* hat drei statische Wortformen (*you*, *are*, *to*), die drei Silben ausmachen. Wir gehen davon aus, dass die austauschbaren Stellen einer syntaktischen Formel mit ein- bis dreisilbigen Wortformen zu füllen sind. Die zwei austauschbaren Stellen der gezeigten syntaktischen Formel (*<a def=“ready“>*, *<v def=“return“>*) ergeben folglich mindestens zwei (2 Stellen × 1 Silbe = 2 Silben) und höchstens sechs Silben (2 Stellen × 3 Silben = 6 Silben). Die gesamte syntaktische Formel beträgt dann mindestens fünf (2 austauschbare + 3 feste = 5) und höchstens neun Silben (6 austauschbare + 3 feste = 9). Zwei beispielhafte, durch diese Formel herstellbare Sätze *you are nice to eat* und *you are unable to understand* haben fünf bzw. neun Silben. Auf diese Weise lassen sich die minimale und maximale Silbenanzahl jeder syntaktischen Formel berechnen.

Warum brauchen wir minimale und maximale Silbenzahlen? Wir erwähnten oben unser Dilemma: Würden wir zuerst Sätze mit fester Silbenzahl herstellen, wären Endreime und Enjambements nicht miteinander vereinbar; würden wir aber erst syntaktische Formeln in Verse gliedern, hätten unsere Verse eine unbekannte und oft unerwünschte Anzahl von Silben. Wie lösen wir dieses Problem? Haben wir die minimale und maximale Silbenzahl einer syntaktischen Formel, können wir die Formel entsprechend „enjambementisieren“ und in Verse gliedern, sodass die erwünschte Silbenzahl zwischen der minimalen und der maximalen Silbenzahl liegt. Unter „Enjambementisierung“ ist die Verteilung einer syntaktischen Formel auf zwei oder mehr Verse zu verstehen. Wenn es gelingt, angemessen „enjambementisierte“ syntaktische Formeln auf jeden Vers einer Strophe zu verteilen, dann trifft es zu, dass jeder Vers die erwünschte Silbenanzahl erreichen kann. Dies erfordert allerdings, dass Wortformen später bei der Erfüllung der austauschbaren Stellen strategisch ausgewählt werden, sodass die erwünschte Silbenanzahl erzwungen wird.

Die Wirklichkeit des Algorithmus ***Blocking*** ist in der Tat noch komplizierter. Bei der „Enjambementisierung“ von syntaktischen Formeln wird auch sichergestellt, dass jeder Vers mit einer austauschbaren Stelle abschließt. Durch die Flexibilität der austauschbaren Stellen wird die Verwirklichung der Endreime erheblich erleichtert. Eine Schwierigkeit dabei ist, dass einige syntaktische Kategorien reimmäßig nicht übereinstimmen können. Eine austauschbare Stelle beispielsweise für ein englisches Verb im Präteritum wird sich fast nie mit einer austauschbaren Stelle für ein Substantiv im Plural reimen, denn fast alle englischen Verben im Präteritum enden mit dem Laut [t] oder [d], während fast alle englischen Substantive im Plural entweder [s] oder [z] als Auslaut haben. Konflikte werden als solche erkannt. Das ***Blocking***-Verfahren wendet die ***Trial-and-Error-Methode*** an, die im Rahmen der Kybernetik und der künstlichen Intelligenz häufig auftaucht. Das heißt, der Algorithmus macht sehr viele unerfolgreiche Lösungsversuche, bis er endlich eine befriedigende Lösung findet. Eine befriedigende Lösung bedeutet, dass jeder Vers der Strophe möglichst endreimflexibel ist und dass mit strategischer Wortwahl die erwünschte Silbenzahl erreicht werden kann.

9.2 Balancing

Den Algorithmus, der die austauschbaren Stellen der im ***Blocking*** (s.o.) hergestellten Strophe strategisch füllt, nennen wir ***Balancing***. Bei diesem Verfahren sind die Verse einer aus „enjambementisierten“ syntaktischen Formeln bestehenden Strophe zu *balancieren*. Was heißt das? Jeder Vers soll am Ende des ***Balancing***-Verfahren genau die erwünschte Silbenanzahl besitzen. Balancing sorgt auch dafür, dass sich die am Versende erscheinenden Wortformen reimen. Hierbei handelt es sich wieder um eine ***Trial-and-Error-Methode***. Wortformen werden durch das Zufallsprinzip in die austauschbaren Stellen eingesetzt, bis die Verse des Gedichts angemessen reimen und die erwünschten Silbenzahlen erreichen. Gelegentlich müssen bestimmte Verse ungereimt bleiben, da bestimmte Wortformen überhaupt keine Reime in der jeweiligen syntaktischen Kategorie besitzen.

Damit ***Balancing*** uns bessere Reime verschafft, mussten wir das Problem des Reimens wieder erwägen. Hierbei handelt es sich um die Erweiterung des in Kapitel 5.4 „Reine Reime“ erwähnten Algorithmus. Das Erkennen mehrsilbiger Reime brachte erhebliche Schwierigkeiten mit sich, da Silbengrenzen in den phonetischen Darstellungen in Carnegie Mellons phonetischem Wörterbuch nicht markiert sind. Wir mussten künstliche Silbentrennungsregeln aufstellen, um die Silbengrenzen mehrsilbiger phonetischer Darstellungen zu erkennen. Das entwickelte Verfahren lässt sich nicht ganz perfektionieren, da es an der Silbengrenze gelegentlich Konsonantenkombinationen gibt, deren Trennung ambigue ist. In solchen Fällen definieren wir eine Silbentrennungsregel, die den größten Anteil der englischen Wortformen erfolgreich behandelt. Wir mussten statistische Tests durchführen, um die mathematische Verteilung von Silbentrennungsmöglichkeiten für jede problematische Konsonantenkombination zu berechnen. Die angesprochene Ambiguität ist beispielsweise in der Konsonantenkombination [sw] zu erkennen. Die englischen Wortformen *bittersweet* (bittersüß) und *businesswoman* (Geschäftsfrau) haben die IPA-Darstellungen [bɪtɜːswit] und [bɪznʌswʊmʌn]. Das Wort *bittersweet* hat die Silbengrenze vor dem [s], wohingegen *businesswoman* die Grenze danach hat. Warum ist die Erkennung der Silbengrenzen für die Reimbildung wichtig? Einerseits reimt sich das Wort *wheat* [wit] auf das Wort *bittersweet*. Andererseits reimt sich das Wort *sweet* [swit] ***nicht*** auf das Wort *bittersweet*, jedenfalls nicht in befriedigender Weise. Es handelt sich im Fall von *sweet* eher um eine Art identischen Reim (vgl. Burdorf 1997, 30). Gerhard Storz betont beispielsweise die Bedeutsamkeit der

„Unterscheidung zwischen einem guten und einem fragwürdigen Reim“ (1987, 112). Derartige identische Reime, wenn auch Reime, sind nicht die Reime, die wir in unseren Hirsch-Gedichten sehen möchten.

Die algorithmisch gesteuerte Reimbildung ist also eine komplizierte Angelegenheit. Die wichtige Frage des unreinen Reims bleibt noch unbeantwortet. Nach der langwierigen Arbeit an Silbentrennungsregeln waren wir zufrieden, dass der Hirsch mindestens ein-, zwei- und dreisilbige Reime bilden konnte.

9.3 Phonetischer Beweis

Wir wollten sehen, dass unsere zwei Algorithmen, ***Blocking*** und ***Balancing*** (s.o.), ihre Aufgabe bewältigen konnten. Reimten sich die Verse? Hatte jeder Vers die erwünschte Silbenanzahl? Aus diesem Grunde erfanden wir eine Fensteransicht (siehe **Abbildung 9.1**), die unsere Gedichte in das Internationale Phonetische Alphabet (IPA) transkribiert. Diese Ansicht erwies sich als äußerst wichtiges Werkzeug, da wir durch sie mehrere Fehler in unserem Reime erkennenden Algorithmus aufspüren konnten. Die Klärung der oben angesprochenen Probleme fragwürdiger Reime wurde beispielsweise durch diese Fensteransicht vereinfacht. Obwohl die IPA-Fensteransicht vor allem zugunsten des Hirsch-Compilers installiert wurde, ist sie auch im Zusammenhang mit den anderen Poesie-Erzeugern (dem Wurm und dem Hähnchen) verwendbar.

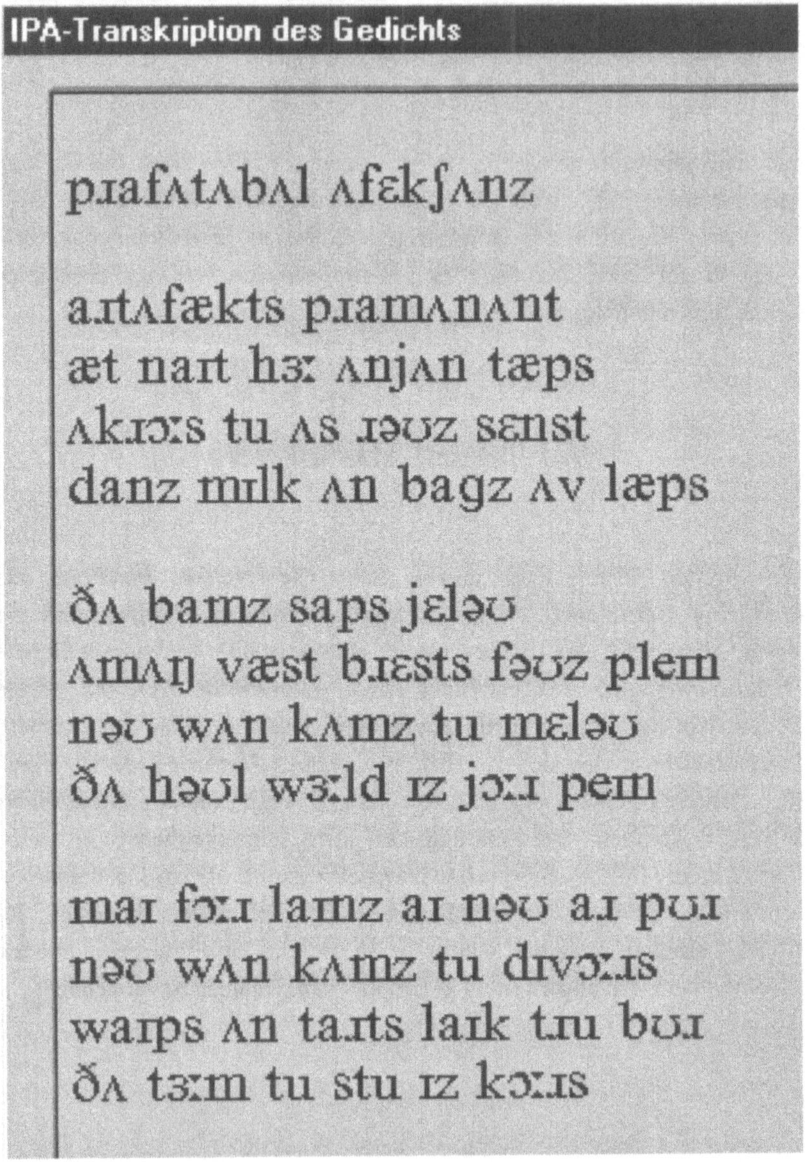

Abbildung 9.1 Fensteransicht für IPA-Transkription

9.4 Hirschhymnen

In Kapitel 5.5 »Wurmstichige Gedichte« und in Kapitel 8.4 »Flugunfähige Federzüge« schauten wir uns die Gedichte der ersten zwei Poesie-Erzeuger an. Jetzt ist der Hirsch an der Reihe. Wir werden drei Texte kurz besprechen. Das erste Gedicht verwendet genau dasselbe auf dem Wort „snake" basierende semantische Netzwerk wie das zweite Hähnchen-Gedicht »like the winding of hope« (Kapitel 8.4) und heißt »wyoming« (nach dem US-Bundesstaat):

wyoming

it slopes the close faint coils
on curved creeks. a blind clark
surfboards the skid. threads, soils.
the faint curve at the bark.

the warm plane at the slide.
the face feeds a charger.
moving the creeks. slips, side.
maybe it is larger.

my four paths, they are faint.
westward, they never grassed.
the old hollow is quaint.
entities, unsurpassed.

the vipers are their ship.
tails of reptiles taking
like turns. they feed the grip
in the snail. seas, snaking.

Semantisch betrachtet ähnelt »wyoming« dem Hähnchen-Gedicht »like the winding of hope«. Einige Wörter erscheinen, wenn auch mit unterschiedlichen Flexionsendungen, sogar in beiden Gedichten: „creek", „blind", „surfboard", „warm", „slide", „face", „path", „grass", „turn".

Andere Wörter, die sich offenbar auch aus der Bedeutung „snake“ ableiten, sind „wyoming“ (US-Bundesstaat, in dem sich der Fluss *Snake* befindet), „coils“ (Windungen), „curved“ (krumm), „clark“ (US-Naturforscher Clark, der 1805 den Fluss *Snake* entdeckte), „thread“ (Faden), „feeds“ (frisst), „slips“ (gleitet), „westward“ (westlich), „viper“, „tails“ (Schwänze), „reptiles“ (Reptilien), „snaking“. Das Gedicht besteht aus vier Strophen, die wiederum aus vier Versen bestehen. Im Fall der Hirsch-Gedichte interessieren wir uns jedoch in erster Linie für die ***akustischen*** Unterschiede dem Hähnchen gegenüber, denn der Hirsch erbt die ***formellen, syntaktischen und semantischen*** Ansätze des Hähnchens, die wir schon in vorangegangen Kapiteln besprachen. Welche ***akustischen*** Merkmale sind auffällig? Das Gedicht ist gereimt. In diesem Fall handelt es sich um Verse im Kreuzreim. Jeder Vers hat genau sechs Silben. Wir erwähnten schon, dass der Hirsch-Compiler ein silbenzählendes Versprinzip befolgt. Deswegen ergeben sich mitunter Verse, in denen die Verteilung von Hebungen und Senkungen nicht streng alternierend ist. Wenn man die Verse alternierend aussprechen müsste, wären sie jambisch und dreihebig. Bei einigen Versen, die man normalerweise nicht alternierend ausspricht, kann man eine jambische Alternation erzwingen („on CURVED creeks. A blind CLARK“, „the FAINT curve AT the BARK“, „the WARM plane AT the SLIDE”), wohingegen sich andere Verse als hoffnungslos unbeugsam erweisen (“the FACE feeds A charg-ER”, “may-BE it IS larg-ER”, “en-TI-ties, UN-sur-PASSED.”, “tails OF rep-TILES tak-ING”). Wir können uns jedoch trösten mit dem Wissen, dass die Algorithmen ***Blocking*** und ***Balancing*** richtig funktionieren. Diese Algorithmen wären in der Lage, auch ein akzentuierendes Versprinzip zu befolgen, wie wir an anderer Stelle erwähnten. Liest man das Gedicht laut, wird deutlich, dass eine strenge Alternation nicht zwingend erforderlich ist. In dem folgenden Beispiel dichtet der Hirsch über das Hähnchen. Das heißt, der Hirsch-Compiler verwendet bei der Herstellung des Gedichts das semantische Netzwerk, das mit den Wortformen „chicken“, „pork“ (Schweinefleisch) und „beef“ (Rindfleisch) angetrieben wurde. Das Gedicht heißt »convenient furnaces«:

convenient furnaces

you see them copped in their moved slobs like lives
in bottles. they didn't dip over the sands.
here is cock, later pick and the small knives
of bulls. meats and games placed nightly on hands.

here is skin, later swine and the weakling
of sevens. the officers are prior.
they're damn good occasions -- the red roaster.
its fearful gobble affronts the fryer.

the dip breads behind the eyes, dogs the food
in wars. and while he slept he became called.
maybe it is solid, moving the crude.
they except their birds with restraints and scald.

who are you, pitched woman? the fills are free.
the cock of a word cubed deep in his tea.

Semantisch betrachtet ähnelt dieser Hirsch-Text an manchen Stellen den beiden auf der Wortform „chicken" aufgebauten Hähnchen-Gedichten, *cocking my hen* und *invisible roasters*. Wortformen, die wohl aus dem semantischen „chicken, pork, beef"-Netz stammen, sind „furnaces" (eng. *furnace* = dt. *Ofen*; Fleisch wird in Öfen zubereitet), „copped" (eng. *cop* = dt. *Polizist* = abwertend eng. *pig* = dt. *Schwein*), „slobs" (eng. *slob* = dt. *Drecksau* = eng. *pig*), „knives" (eng. *knife* = dt. *Messer*; Fleisch schneidet man mit einem Messer), „bulls" (eng. *bull* = dt. *Stier*), „meats" (eng. *meat* = dt. *Fleisch*), „skin" (Haut), „swine" (Schwein), „weakling" (eng. *weakling* = dt. *Schwächling* = eng. *chicken*), „officers" (eng. *officer* = dt. *Polizist* = eng. *pig*), „roaster" (das Gebratene), „fearful" (eng. *fearful* = dt. *ängstlich* = eng. *chicken*), „gobble" (das Kollern des Hahns), „fryer" (Fritteuse), „dip" (in Soße dippen), „bread" (eng. *bread* = dt. *panieren*), „food" (Essen), „birds" (Vögel), „restraints" (eng. *restraint* = dt. *Zwangshaft*), „scald" (verbrühen), „cubed" (eng. *cube* = dt. *in Würfel zerschneiden*). Bei vielen Wörtern handelt es sich um die erwähnten Polysemien (s.o. Kapitel 4.3 »Einfälle und kritische Anmerkungen«; vgl. Enzensberger 2000, 73-74). Einige polyseme Wörter (bzw. lexikalische

Zeichen) tauchen in einer unerwarteten syntaktischen Kategorie auf: „copped“ erscheint als Partizip (eng. *copped* = dt. *erhalten*), obwohl das Wort normalerweise als Substantiv (eng. *cop* = dt. *Polizist*) verwendet wird. „dogs“ taucht auf als Verb (eng. *to dog* = dt. *jagen*), obwohl das Wort üblicherweise als Substantiv (eng. *dog* = dt. *Hund*) erscheint. „dip“ sieht man als Substantiv (eng. *dip* = dt. *Soße*), obwohl das Wort in der Regel als Verb (eng. *to dip* = dt. *dippen*) erscheint. Die semantische Analyse ließe sich erweitern.

Wir wollen uns jedoch auf diejenigen Fähigkeiten des Hirsch-Compilers konzentrieren, die im Hähnchen-Compiler nicht vorhanden sind, nämlich die ***akustischen*** Fähigkeiten. Das Gedicht ist ein Sonett mit dem üblichen englischen Reimschema *abab cdcd efef gg* (vgl. Burdorf 1997, 119). Der fünfte und der siebte Vers reimen sich nicht, was zeigt, dass der Hirsch gelegentlich keinen Reim bilden kann. In diesem Fall ist die Wortform „weakling“, die gewiss aus dem semantischen Netzwerk stammt, nicht zu reimen, da sich kein zweisilbiges Wort im Englischen auf „weakling“ reimt. Vorstellbar wäre ein Wortwahlverfahren, das nur diejenigen Wortformen aus dem semantischen Netzwerk ziehen würde, die sich zum Reimen eignen. Würden wir den Hirsch nicht so gut kennen, könnten wir ihm die geistige Fähigkeit zuschreiben, sich ab und zu bewusst gegen den Reim entscheiden zu können. Wir wissen jedoch, dass es sich um bestimmte Mängel in dem Reimalgorithmus handelt, die noch zu verbessern sind. Das letzte Gedicht, ein Haiku, wurde ohne Titel erzeugt.

the old street is sold.
all is gold and wrongs wrongly.
waking up a thrill.

Das „japanische Haiku, dessen drei Verse genau 5, 7, 5 Silben umfassen“ (Burdorf 1997, 115), ist auch im englischen Sprachraum bekannt. Dieses Haiku fanden wir besonders schön. Wir würden gerne behaupten, dass die Binnenreime („old“, „sold“, „gold“) und die Alliteration („wrongs wrongly“) auf die Genialität des Hirsches zurückzuführen seien. Es handelt sich jedoch um einen Glückstreffer.

9.5 Zerlegung der Eingeweide

Der Versuch, die ***akustischen*** Einschränkungen eines Gedichts in Betracht zu ziehen, ist gelungen. Unsere Gedichte reimen sich, weisen eine Art metrische Regulierung auf und berücksichtigen jetzt ***alle methodischen Einschränkungen***, die wir in Kapitel 3 »Was muss ein Poesie-Erzeuger können?« auflisteten – jedenfalls bis zu einem gewissen Grad. Die ***formellen***, ***syntaktischen*** und ***semantischen*** Fähigkeiten des Hähnchen-Compilers bleiben im Hirsch-Compiler erhalten. Die Mehrheit der Bedingungen, die Hans Magnus Enzensberger zusammenstellte, haben wir erfüllt: 1. keine unbeabsichtigten Wiederholungen von Textelementen 2. maximale Zusammenhangslosigkeit 3. semantische, pragmatische Ungleichartigkeit 4. unvorhersehbare Kombinationen 5. mehrdeutige Textelemente (vgl. Enzensberger 2000, 49). Die Berücksichtigung der ***akustischen*** Einschränkungen eines Gedichts ist für eine Poesiemaschine etwas Neues. Vincent van Mechelen behauptet 1992, eine Poesiemaschine, die phonetische Daten in Betracht zieht, existiere nicht (van Mechelen 1992, 4). Unseres Wissens gibt es keine Poesiemaschine, die unserer ähnlich ist. Die ***akustischen*** Ansätze, die wir hier darstellten, sind jedoch nicht perfekt. Nicht selten kann der Hirsch-Compiler keinen Reim bilden. Ein besseres Reimherstellungsverfahren, das wir in den kommenden Kapiteln besprechen werden, ist, wenn auch mit großem Zeitaufwand verbunden, nicht schwer zu implementieren. Ein bereits erwähntes Problem ist, dass wir uns – aus Zeit- und Komplexitätsgründen – für ein silbenzählendes Versprinzip entscheiden mussten. Dies führt dazu, dass unsere Gedichte manchmal ein für die englische Sprache fragwürdiges Versmaß besitzen. Die hier dargelegten Algorithmen ***Blocking*** und ***Balancing*** sind jedoch nicht auf ein spezifisches Versprinzip angewiesen und sind theoretisch in der Lage, auch ein akzentuierendes Versprinzip zu beherrschen.

10 Technische Anmerkungen

Dieses Kapitel bespricht einige der technischeren Aspekte unserer Poesiemaschine. Es richtet sich in erster Linie an Programmierer, die wissen möchten, wie das Programm zustande kam und wie die Datenstrukturen der in den vorangegangen Kapiteln beschriebenen Komponenten implementiert wurden. Dieses Kapitel kann ohne weiteres übersprungen werden.

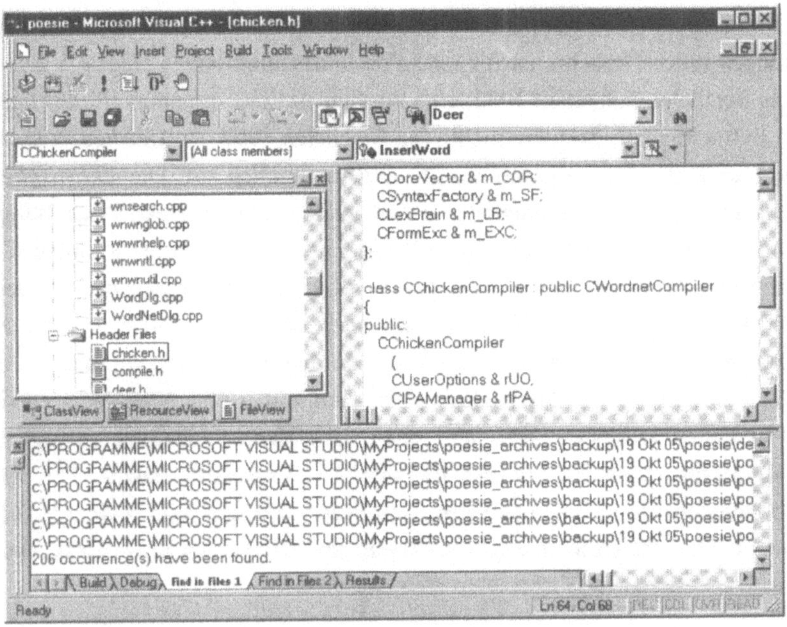

Abbildung 10.1 Das Projekt ***poesie*** in Microsoft Visual C++ 6.0

Unsere Poesiemaschine haben wir in Visual C++ 6.0 (von Microsoft) entwickelt. **Die Abbildung 10.1** zeigt das Hauptfenster der integrierten

Entwicklungsumgebung (Visual C++). Das Programm, das unsere drei Poesie-Erzeuger (den Wurm, das Hähnchen und den Hirsch) enthält, verwendet MFC (Microsoft Foundation Classes) und ist eine dialogbasierte Anwendung. Im Lauf der Entwicklung erwägten wir eine SDI-Anwendung (Single Document Interface), die einen visuelleren Umgang mit den Gedichten hätte ermöglichen können. Die Verbesserung der drei Poesie-Erzeuger und ihrer unterstützenden Komponenten erwies sich allerdings immer wieder als viel wichtiger als die Verschönerung der Oberfläche. So sind wir bei der dialogbasierten Anwendung geblieben. Sie wird unten in **Abbildung 10.2** gezeigt.

Im oberen Bereich gibt es eine menüartige Reihenfolge von Schaltflächen, die entweder die Erzeugung eines Gedichts beeinflussen oder eine der unterstützenden Dialoge öffnen. Unter den Schaltflächen befindet sich ein enormes Textfeld, in dem die Zeilen eines Gedichts schrittweise entstehen.

Bei unseren Datenstrukturen handelt es sich vor allem um Containerklassen, die von unserer eigenen Template-Containerklasse **CPowerVector** abgeleitet werden. **CPowerVector** wird von der zur Standard C++ Bibliothek (STL) gehörigen Template-Containerklasse **std::vector** (dynamisches, in der Größe veränderbares Array) abgeleitet. Der Template-Parameter an **CPowerVector** ist eine „Elementklasse“. Jede Elementklasse wird von unserer eigenen Klasse **CPowerElement** abgeleitet und ist relativ einfach. Sie besteht lediglich aus ein paar Datenelementen – eingebaute Typen, **CString**-Strings und **CDWordArray**-Index-Arrays – und implementiert zur Objektbeständigkeit die virtuelle Elementfunktion **Serialize** (mit **CArchive**). Ein Smart-Pointer (intelligenter Zeiger) **std::auto_ptr** auf die Elementklasse wird als Template-Parameter an die Basisklasse **std::vector** übergeben, was gut organisierte Speicherverwaltung gewährleistet. Alle von unserer Template-Klasse **CPowerVector** hergeleiteten Containerklassen lassen sich vollständig serialisieren. Das heißt, sie können aus einer Datei gelesen bzw. in eine Datei geschrieben werden. **CPowerVector** implimentiert sowohl eine lineare Suche (für unsortierte Elemente) als auch

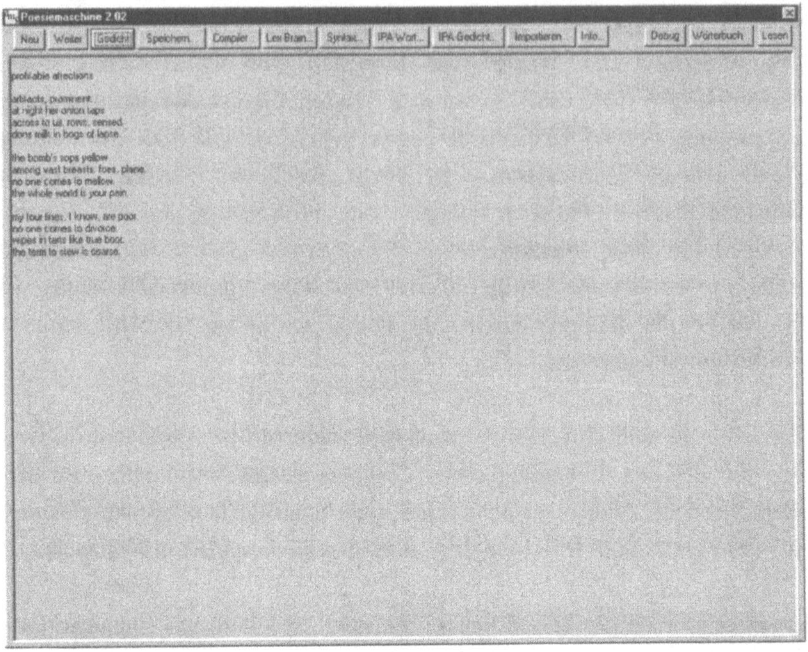

Abbildung 10.2 Das Hauptfenster unserer Poesiemaschinen-Anwendung (ein Dialogfenster)

eine binäre Suche (für sortierte Elemente), da ein Container z. B. im Fall des phonetischen IPA-Wörterbuchs mehr als 100.000 Element-Objekte enthalten kann. Ein von **CPowerVector** abgeleiteter Container kann beständig sein. Das heißt, er kann bei seiner Konstruktion seine gesamten Inhalte aus einer binären Datei lesen (Deserialisierung) und bei seiner Zerstörung diese Inhalte in eine binäre Datei schreiben (Serialisierung). In derartigen beständigen Containern werden die folgenden Datensammlungen verwaltet:

1. unser eigenes elektronisches Wörterbuch
2. das phonetische IPA-Wörterbuch
   (eine Übersetzung des CMU-Wörterbuchs)
3. die auf *WordNet* basierenden semantischen Netzwerke
4. die Basiselemente (rein syntaktische Wörter)
5. unsere syntaktischen Formeln
6. die unregelmäßigen Flexionen des Flexionslenkers

11 Jenseits des Hirsches

Dass wir mit der Entwicklung des Hirsch-Compilers im Dezember 2005 aufhörten, hatte vor allem mit dem rechtzeitigen Beginn der vorliegenden schriftlichen Dokumentation zu tun. Außerdem hätte die vollständige Verwirklichung aller unserer für den Hirsch-Compiler geplanten Verbesserungen über ein Jahr gedauert. Wir mussten realistisch sein. Das gesamte Projekt kostete uns Zeit. Mit den drei Poesie-Erzeugern (Mai bis Dezember 2005) und dieser Arbeit (Dezember 2005 bis Mai 2006) handelt es sich bereits um ein ganzes Jahr.

Was können wir von den Poesiemaschinen der Zukunft erwarten? In **Kapitel 11.1** »Über den Hirsch hinweg« listen wir zunächst die „Hirsch-Aufgaben" auf, die wir gern erledigt hätten, wenn wir ein weiteres Jahr hätten investieren können. Daraufhin greifen wir drei Themen auf, die uns sehr interessieren und eine sehr wichtige Rolle bei der Entwicklung künftiger Poesiemaschinen spielen könnten. In den Gedichten der „kanonischen Dichter der klassisch-romantischen Epoche" (Burdorf 1997, 31; vgl. auch Lamping 1985, 283-293) tauchen viele unreine Reime auf. Es gibt mehr als einen Grund, unreine Reime bilden zu wollen. In **Kapitel 11.2** »Reine „Unreime"« wird erklärt, warum das so ist. In diesem Zusammenhang skizzieren wir eine Art Mathematik der Reimqualität bzw. der „Reimigkeit". In **Kapitel 11.3** »*Computing with Words*« diskutieren wir eine neue Denkrichtung im Rahmen der künstlichen Intelligenz, die sich natürlichen Sprachen und der unerwarteten Kraft ihrer Ungenauigkeit widmet. Im letzten Kapitel (**Kapitel 11.4** »Stephen Thalers *Creativity Machine*«) behandeln wir eine spontane, erfinderische maschinelle Intelligenz, die vielleicht eines Tages mit menschlicher Intelligenz konkurrieren könnte. Unter anderem spekulieren wir darüber, auf welche Weise man diese spontane maschinelle Intelligenz mit von Menschen entwickelten Algorithmen kombinieren könnte.

11.1 Über den Hirsch hinweg

Wie weit wäre der Hirsch gerannt, wäre der Winter wärmer gewesen? Hier listen wir einige mögliche Verbesserungen auf, die wir gerne noch implementiert hätten, wäre unsere Zeit unbegrenzt gewesen:

(1) ***Fortgeschrittenere Reimbildung:*** Die Reimqualität war nicht völlig zufriedenstellend. Von den zwei Wortformen, die einen Reim bilden, suchen wir die erste Wortform – diese muss nicht notwendigerweise zuerst im Text erscheinen – mit Hilfe des Zufallsprinzips aus dem vorhandenen semantischen Netzwerk heraus. Die zweite Wortform entnehmen wir nicht dem semantischen Netzwerk, sondern dem phonetischen IPA-Wörterbuch. Das heißt, die zweite Wortform hat in der Regel keine semantische Beziehung zu der ersten. Nicht selten ist die erste aus dem semantischen Netzwerk stammende Wortform eine, die entweder keine oder nur mangelhafte Reime bilden kann. Der Idealfall verlangt jedoch mehr als Reime. Ziel ist es, zwei reimende Wortformen zu finden, deren Bedeutungen zusätzlich verwandt sind. Wie lässt sich dieses Vorhaben realisieren?

Eine denkbare Lösung: Bei der Herstellung eines semantischen Netzwerks ließen sich parallel Reimlisten aufstellen. Man könnte für jede Grundform im Netz die abgeleiteten Wortformen feststellen (für „race" z. B.: „race", „races", „raced" und „racing"). Des Weiteren wäre für jede abgeleitete Wortform (zu jeder Grundform im Netz) eine Reimliste denkbar. Diese Liste enthielte die besten (zwei, drei, vier?) reimenden Wortformen aus jeder dafür in Frage kommenden syntaktischen Kategorie. So stünden für die Wortform „races" diverse Substantive im Plural als Reimform zur Verfügung, wie z. B. „aces", „bases", „braces", „cases", „chases", außerdem Verben in der 3. Person Singular Präsens wie „bases", „braces", „chases", „faces", „graces". Darüber hinaus reimt sich „races" auch noch mit dem Substantiv im Singular „basis". Daran wird deutlich, dass einige Wortformen in mehr als einer Liste erscheinen, da häufig dieselbe

Wortform zugleich Substantiv im Plural und Verb in der 3. Person Singular Präsens sein kann, wie folgendes Beispiel belegt. „chases", „It was one of those dangerous chases" oder „The dog chases the ball". Wäre die Reimliste noch nicht voll, würde eine neue reimende Wortform in die Liste eingetragen. Sobald die Reimliste voll wäre, könnte eine neue reimende Wortform eine andere reimende Wortform ersetzen, wenn diese neue Form eine stärkere semantische Beziehung zu der betreffenden Reimform hätte. Auf diese Weise ließen sich semantisch interessante Reime bilden. Es bleibt die Frage, wie sich die Stärke der semantischen Beziehung bestimmen lässt. Dies wäre einfach, wenn die reimende Wortform schon im Netz vorhanden wäre. Falls sie nicht im Netz wäre, bestünde vielleicht trotzdem eine schwächere, jedoch wahrnehmbare semantische Beziehung. Die Feststellung dieser Beziehung wäre natürlich möglich. In diesem Fall gäbe es allerdings keine effiziente Lösung, da solche Beziehungen – und es gäbe sehr viele – die Konstruktion eines neuen Netzwerks erfordern würden. Um bessere Reime bilden zu können, könnte man auch Reimqualitätsfaktoren kalkulieren, damit man wüsste, welche abgeleiteten Wortformen (der Grundformen im Netz) sich am besten für die Reimbildung eignen.

(2) ***Pronomenverwaltung:*** Wie bereits erwähnt, haben die meisten Pronomina unserer Hirsch-Gedichte keinen eindeutigen Bezug zu einem vorhergehenden Substantiv. Pronomina in Gedichten richtig zu verwalten, stellt sich als ein äußerst komplexes Problem dar (vgl. van Mechelen 1992). Eine mögliche Verbesserung – allerdings keine vollkommene Lösung – wäre, die ***Basiselemente*** jeweils mit einem zusätzlichen Kennzeichen zu versehen, um dadurch eine sinnvolle Auswahl treffen zu können. So ließe sich vermeiden, dass zu viele Arten von Pronomina („her", „me", „yours", „us", „them", „he") im selben Gedicht erscheinen. Durch die zusätzliche Kennung ließe sich erzwingen, dass ein Gedicht vielleicht nur eine Person („I", „me", „my", „mine") oder zwei Personen („you", „your", „he", „him", „his") enthielte.

(3) ***Verbesserte Benutzeroberfläche***: Während der Entwicklung der Poesie-Erzeuger zogen wir häufig eine SDI-Anwendung (Single Document

Interface) in Erwägung (siehe Kapitel 10 »Technische Anmerkungen«). Hätten wir diese vollständig realisiert, so wäre unsere Poesiemaschine ***viel interaktiver***. Der Benutzer könnte beispielsweise unerwünschte Strophen löschen und wieder herstellen lassen oder unerwünschte Reime ändern. Paul Fournel geht auf die Einzelheiten eines derartigen Programms ein (vgl. Fournel in: Boehncke 1993, 70-72). Es ist jedoch zu bedenken, dass die Herstellung einer fortgeschrittenen Benutzeroberfläche dieser Art mit ***erheblichem*** Zeitaufwand verbunden wäre.

(4) ***Beschleunigte WordNet-Schnittstelle***: Wenn *WordNet* inhaltlich auch ein umfangreiches semantisches Netzwerk darstellt, wurde die *WordNet*-Bibliothek[31], die den Zugriff auf die *WordNet*-Datenbank ermöglicht, ursprünglich ***sehr ineffizient*** implementiert.[32] Dies führt in unserem Fall dazu, dass die Herstellung unserer semantischen Netzwerke unnötig lange dauert. Die *WordNet*-Bibliothek könnte man organisierter und effizienter zusammenstellen. Darüber hinaus machen die Inhalte der *WordNet*-Datenbank nur 35,4 Megabyte aus, eine für moderne Computer geringe Datenmenge. Man könnte die Datenbankdateien direkt als Arbeitsspeicherdateien verwenden. Noch besser wäre, die *WordNet*-Datenbank als IMDB (In-Memory-Datenbank) zu implementieren (vgl. Platt 1999, 185-202). Die Herstellung einer neuen, objektorientierten *WordNet*-Bibliothek wäre natürlich ein riesiges Projekt, da zuerst die Inhalte der jetzigen, schlecht organisierten, prozeduralen Version in allen Einzelheiten enträtselt werden müssten.

(5) ***Akzentuierendes Versprinzip***: Wie bereits festgestellt, wäre ein akzentuierendes Versprinzip implementierbar gewesen, hätte jedoch unsere Poesiemaschine über die Maßen eingeschränkt. Diese Einschränkungen variabel zu gestalten, wäre mit herkömmlichem Programmierungsaufwand nicht machbar gewesen.

---

[31] Eine Bibliothek ist eine Softwareeinheit, die anderen Softwarekomponenten einen Dienst anbietet.

[32] Die Ineffizienz der *WordNet*-Bibliothek zu belegen, würde vom Fluss dieser Arbeit ablenken.

(6) ***Qualitätssicherung:*** Man könnte eine Komponente entwickeln, die die Qualität einer eben hergestellten Strophe bewerten würde – vielleicht nach Enzensbergers Kriterien (dazu Kapitel 6.3 »Einfälle und kritische Anmerkungen«; Kapitel 9.5 »Zerlegung der Eingeweide«, Enzensberger 2000, 49-50). Strophen, die keine ausreichende „Note" bekämen, würden abgelehnt. Eine neue Strophe müsste hergestellt werden. Kriterien dafür, was eine ausreichende „Note" bedeuten würde bzw. wie eine gute Strophe aussehen müsste, ließen sich konfigurieren.

(7) ***Abwechselnde Zielsetzung:*** In der Regel strebt der Hirsch nach einem reimenden Gedicht. Das müsste nicht in jedem Fall so sein. Der Hirsch könnte andere phonetische Ziele (Assonanzbildung, Alliterationsbildung) oder semantische Ziele (möglichst sinnvolle Texte) setzen.

(8) ***Personalisierte Poesie:*** Eine interessante, jedoch schwer realisierbare Idee wäre es, eine Art personalisiertes semantisches Netzwerk zu konzipieren. Dabei würde es sich um eine Liste solcher Wörter handeln, die für den jeweiligen Leser von emotioneller bzw. intimer Bedeutung wären. Dank dieses Insiderwissens entstünden Gedichte, die ihren Leser (manchmal) tief berühren würden.

(9) ***Andere Einschränkungen:*** Vorrangiges Ziel der französischen Literaturgruppe ***OuLiPo*** ist, Texte mit anspruchsvollen, eher ungewöhnlichen Einschränkungen zu schreiben. Vorstellbar wäre, eine oder mehrere solcher Einschränkungen bei der Herstellung eines Gedichts zu berücksichtigen (vgl. Le Lionnais in: Boehncke 1993, 23-28).

11.2 Reine „Unreime“

Dieses Kapitel widmen wir dem Thema ***unreine Reime***. Es gibt schon einige Softwares, die reine Reime behandeln.[33] In der Regel basieren sie auf dem bereits erwähnten phonetischen Wörterbuch von Carnegie Mellon oder etwas Vergleichbarem. Unseres Wissens gibt es bisher jedoch noch keine Software, die sich umfassend mit unreinen Reimen beschäftigt. Für Poesiemaschinen der Zukunft wird die Behandlung unreiner Reime von Bedeutung sein. Es geht nicht nur darum, die Anzahl von möglichen Reimen zu erweitern und somit einen Reichtum an ***akustischen*** Möglichkeiten zu schaffen.

Bei der Suche nach der richtigen Wortform liegt entweder die syntaktische Kategorie oder die Bedeutung eines Wortes im Vordergrund, je nach Absicht. Um die ***syntaktische*** und ***semantische*** Flexibilität zu optimieren, wären sowohl reine als auch unreine Reime von großem Nutzen.

Es stellt sich die Frage, ob sich die Qualität eines Reims überhaupt algorithmisch darstellen lässt. Reimen ist nicht unbedingt als rein phonetisches Phänomen zu verstehen. Auch die Bedeutung der betreffenden Wortformen kann eine wichtige Rolle bei der Bewertung eines Reims spielen (vgl. Burdorf 1997, 30: „grammatische Reime“). Die umfassende Lösung dieses Problems ist nicht unser Hauptanliegen. Beschränken wir uns jedoch auf den phonetischen Aspekt, besteht eine bessere Aussicht auf Erfolg. Die traditionellen Kategorien ***reiner Reim***, ***unreiner Reim*** und ***kein Reim*** präzisieren die Qualität eines Reims nicht ausreichend. Es hilft vielleicht, den Begriff „Reimigkeit“ (eng. *rhyminess*) einzuführen, wobei unter ***Reimigkeit*** die Qualität eines Reims zu verstehen ist. Wie können wir ***Reimigkeit*** messen? Eine mathematische bzw. mengentheoretische Betrachtungsweise könnte lauten:

---

[33] Diese Softwares sind vor allem Programme, die Unterstützung beim Schreiben von Liedern anbieten. Das heißt, sie sind keine Poesiemaschinen.

(1) $\mathbf{W} = \{ x \mid x \text{ ist eine englische Wortform} \}$

(2) $\mathbf{W}^2 = \{ (x, y) \mid x \in \mathbf{W} \text{ und } y \in \mathbf{W} \}$

(3) $\mathbf{Q} = \{ x \mid x \text{ ist ein } \textit{\textbf{Reimigkeitswert}} \}$

(4) $f: \mathbf{W}^2 \rightarrow \mathbf{Q}$

Die Menge **W** ist die Menge aller englischen Wortformen. Die Wortform ***bird*** ist z. B. ein Element der Menge **W**. Die Menge $\mathbf{W}^2$ ist die Menge aller Paare von englischen Wortformen. Das Paar { ***my***, ***fried*** } ist beispielsweise ein Element der Menge $\mathbf{W}^2$. Die Menge **Q** ist die Menge aller Reimigkeitswerte. Was ist ein ***Reimigkeitswert***? Ein Reimigkeitswert stellt die Qualität eines Reims dar. Dabei erhebt sich die Frage, worum es sich bei der mengentheoretischen Darstellung eines Reimigkeitswerts handelt. Vorstellbar wäre, dass ein Reimigkeitswert durch ein n-Tupel der Gestalt $(a_1, a_2, \ldots, a_n)$ darzustellen wäre, wobei jedes Element des n-Tupels eine natürliche Zahl wäre, die einen bestimmten Aspekt der Reimigkeit (Anlaut, Inlaut, Auslaut usw.) mäße. Die Reimfunktion ***f*** von der Menge $\mathbf{W}^2$ in die Menge **Q** liefert dann den Reimigkeitswert zweier Wortformen.

Wir lassen jetzt die Mathematik beiseite und stellen im Folgenden einige phonetische Überlegungen an. Reine Reime lassen sich verhältnismäßig leicht feststellen, da es darum geht, bestimmte phonetische Zeichen zweier Wortformen zu vergleichen. Sind die infrage kommenden Zeichen genau gleich, handelt es sich um einen reinen Reim. Sind sie nicht gleich, ist es völlig unklar, wie gut oder schlecht sich die zwei Wortformen reimen. Wie lässt sich die Grauzone des Reimens messen?

Dass die Wortformen ***slims*** [slɪmz] und ***tense*** [tɛns] sich besser reimen als die Wortformen ***bus*** [bʌs] und ***beets*** [bits], fällt bei der Betrachtung der phonetischen (und schriftlichen) Darstellung überhaupt nicht auf. Die phonetischen Darstellungen [slɪmz] und [tɛns] haben kein gemeinsames phonetisches Zeichen, wohingegen [bʌs] und [bits] sehr ähnlich aussehen. Das Problem ist, dass eine phonetische Darstellung nicht alles über die Aussprache einer Wortform vermittelt. Was fehlt uns? Die Vokale [ɪ] und [ɛ], obwohl ihre phonetischen Darstellungen unterschiedlich erscheinen, sind ähnlich. Beide sind vordere ungerundete kurze Vokale. Die Konsonanten [m] und [n] (beide sind vordere Nasale) bzw. [z] und [s] (beide sind alveolare Frikative) sind ähnlich. Dagegen haben die Vokale [ʌ] (tief zentral kurz) und [i] (hoch vorn lang) wenig Gemeinsames. Derartige phonetische Überlegungen sind bei der Feststellung der ***Reimigkeit*** in Betracht zu ziehen.

Die komplexe Frage, wie ein mehrstufiger Wortformvergleich in genau einen ***Reimigkeitswert*** umzuwandeln ist, möchten wir hier nicht ausführlich behandeln. Deutlich wird jedoch, dass man sich für ein beliebiges System entscheiden kann, das die Unterschiedlichkeit zwischen sprachlichen Lauten mathematisch darstellt. Der Versuch, sich für eine bestimmte Darstellungsweise zu entscheiden, wirft jedoch mathematische Fragen auf. Dass es keine Entfernung (bzw. 0) zwischen [i] und [i] bzw. zwischen denselben Lauten gibt, scheint unumstritten zu sein. Sehr ähnliche Laute (wie [ɪ] und [ɛ]) hätten vernünftigerweise eine Entfernung von einer Einheit, wobei man sich auf die Definition einer Einheit einigen müsste. Wäre die nächste Stufe jedoch zwei Einheiten? Oder ist eine lineare Darstellung unangemessen? Diese Fragen sind wichtig, denn bei der Bewertung eines Reims gibt es für jede der zu vergleichenden Silben mindestens einen, höchstens vier oder fünf infrage kommende Laute. Für zwei dreisilbige Wortformen kann das $2 \times 3 \times 5 = 30$ Laute bzw. 15 Vergleiche bedeuten. Vergleichen wir zwei Wortformen, möchten wir am Ende ***einen*** Wert bekommen (jedenfalls für einen bestimmten Aspekt des Reimens). ***Ein*** Wert ist wichtig, denn wir hätten gern ein einheitliches Reimigkeitsergebnis. Wie lassen sich aber diese 15 Vergleiche in einen Wert umwandeln? Was machen wir, wenn die eine Wortform sieben infrage kommende Laute hat und die andere nur vier? Wir werden nicht versuchen, diese Fragen hier zu beantworten. Es geht hier lediglich darum, einen guten Ansatzpunkt zu bieten und die Komplexität der Angelegenheit zu verdeutlichen.

11.3 *Computing with Words*

Computing with Words (dt. „Rechnen mit Wörtern") ist eine neue Denkrichtung im Rahmen der künstlichen Intelligenz, die den Reichtum menschlicher Wahrnehmung auf den Computer übertragen will. *Computing with Words* (*CW*) wurzelt in der Arbeit von Lotfi Zadeh, der 1965 seine bahnbrechende Arbeit über unscharfe Mengen (eng. *Fuzzy Sets*) veröffentlichte (vgl. 1965). Der Kerngedanke von *CW* ist, dass natürliche Sprachen sehr häufig Informationen über die Welt effizienter als mathematisch basierte Sprachen darstellen können. Weiterhin besitzen natürliche Sprachen eine Ungenauigkeit, die sich jedoch überraschenderweise als sehr nützlich erweist. Traditionell ist Ungenauigkeit im Rahmen der Mathematik und der Naturwissenschaften abgewertet worden. Dies sei, so Zadeh, ein enormer Fehler (vgl. 1999, 103-111). Die Ungenauigkeit natürlicher Sprachen vermittelt sehr viele „verborgene Informationen". Ununterbrochen (sogar im Schlaf) bearbeitet und enträtselt das menschliche Gehirn Mehrdeutigkeiten und Ungenauigkeiten. Die Sprache des Gehirns ist eine Sprache der Ungenauigkeit. Die Fähigkeit, Tiere, Pflanzen, Gesichter, Buchstaben, Flüssigkeiten, ungewöhnliche Gegenstände, Geräusche, Stimmen, Äußerungen, Bedeutungen, Emotionen, Farben zu unterscheiden, zu vergleichen und gleichzusetzen, ist unbeschreiblich und basiert vor allem auf der Verwaltung von Ungenauigkeit. Derselbe Gegenstand sieht aus unterschiedlichen Winkeln unterschiedlich aus. Trotzdem erkennt man ihn als denselben. Beim Lesen einer (unvollkommenen) Handschrift geht es darum, zwei ungleiche Darstellungen manchmal als denselben Buchstaben und manchmal als unterschiedliche Buchstaben einzuordnen. Falsch buchstabierte Wörter werden oft aus dem Kontext verstanden. Menschliche Äußerungen sind oft mehrdeutig, stellenweise ironisch oder unvollständig. Menschen finden es trotzdem relativ einfach, ***die*** Bedeutung einer Äußerung festzustellen, die am ***wahrscheinlichsten*** ist, auch wenn dabei sehr viele ungenaue Faktoren zu berücksichtigen sind (eigene Emotionen und die der Gesprächsteilnehmer, Gesichtszüge der Gesprächsteilnehmer, Gegenstände und Personen im Raum, ungefähre Uhrzeit der Äußerung, Wetter, jeweilige politische

Umstände usw.). Liest ein menschlicher Leser einen Text, kann es sein, dass er viele Wörter und Formulierungen nicht versteht. Dennoch ist er in der Lage, die wichtigsten Inhalte des Texts zu erfassen. Wie ist dies möglich? Das verstehen Wissenschaftler immer noch nicht ganz. Man ahnt, dass es etwas mit der „Zauberkraft" menschlicher Wahrnehmungen, mit natürlicher menschlicher Sprache und mit der ihr innewohnenden Ungenauigkeit zu tun hat. Lotfi Zadeh und die Vertreter von *Computing with Words* möchten, soweit es möglich ist, diese „Zauberkraft" an den Computer weitergeben. *Computing with Words* ist momentan in der Lage, das Verhalten von Substantiven, Adjektiven und Adverbien mithilfe linguistischer Variablen (LV) zu repräsentieren (vgl. Zadeh 1975, 43-47). Verben dagegen weisen einige Schwierigkeiten auf. Es besteht jedoch die Hoffnung, dass komplexe chaotische Funktionen die Verhaltensweise von Verben in Zukunft simulieren werden (vgl. Yang 2001, 367-371).

Wenn sich *Computing with Words* auch auf natürliche Sprache konzentriert, verwendet es dennoch Zadehs unscharfe Logik und unscharfe Mengen, die als ***präzise*** mathematische Systeme zur Darstellung der Ungenauigkeit und der Vagheit gelten. ***Unscharfe Mengen*** erweitern die traditionelle mathematische Mengenlehre, indem ein ungenauer Zugehörigkeitsgrad zu einer Menge zugelassen wird. Ein ungenauer Zugehörigkeitsgrad wird durch einen „unscharfen Wahrheitswert" dargestellt, bei dem es sich um eine reelle Zahl zwischen 0 (vollständig ***falsch***) und 1 (vollständig ***wahr***) handelt. Demzufolge können unendlich viele unterschiedliche Wahrheitsgrade ausgedrückt werden. Niedrigere Werte sind als „weniger wahr" zu verstehen. Der Wert 0,3 ist zum Beispiel „falscher" als 0,6.

Computing with Words und Unscharfe Mengen (*Fuzzy Sets*) werden vor allem in komplexen Kontrollsystemen angewandt. In Japan zum Beispiel gibt es schon mehr als 2.000 *Fuzzy*-bezogene Patente. Heute sind japanische Produkte wie Waschmaschinen, Staubsauger, Klimaanlagen und Mikrowellen in der Lage, *CW* und *Fuzzy Sets* anzuwenden, um „ungenaue Entscheidungen" zu treffen. Wir glauben, dass *Computing with Words* and *Fuzzy Sets* bei der Entwicklung der Computer-Poesie eine wichtige Rolle spielen könnten. Aber was erwarten wir genau? Unsere Vorschläge sind ähnlich der unscharfen Logik, auf der *Computing with Words* basiert, von unscharfer Natur.

Im vorigen Kapitel diskutierten wir unreine Reime. Eingeführt wurde der Begriff der Reimigkeit (eng. *rhyminess*). Die Reimigkeit eignet sich als unscharfer Begriff, der sehr gut durch *Computing with Words* und *Fuzzy Sets* darzustellen wäre. In einigen der vorangegangenen Kapitel erwähnten wir *WordNet* und andere semantische Netzwerke. Doch wie genau lassen sich Beziehungen zwischen Wörtern (bzw. lexikalischen Zeichen) überhaupt definieren? Betrachtet man ein Wort, tendiert man dazu, zunächst nur die entsprechende Wortbedeutung zu sehen. In Wirklichkeit hat ein lexikalisches Zeichen neben seiner Bedeutung viele zusätzliche Eigenschaften. Eine, die wir schon ansprachen, ist das akustische Merkmal des Wortes. Mit seiner Hilfe lassen sich Reime, Alliterationen, Assonanzen feststellen. Es gibt jedoch noch weitere Eigenschaften. Die Angemessenheit eines Worts hängt von dem jeweiligen sozialen Kontext ab. In ***einem*** Kontext wird ein dichterisches Wort gesucht. In ***anderem*** Kontext wird ein abwertendes Wort gesucht. Einige Wörter haben einen komplexen geschichtlichen Hintergrund. Es gibt technische Wörter, intime Wörter, spöttische Wörter, derbe Wörter. Ein Großteil aller Adjektive (*Computing with Words* behandelt vor allem Adjektive) lassen sich nicht in eindeutige Kontext-Kategorien einordnen. Ein fortgeschrittenes semantisches Netzwerk könnte die Zugehörigkeit zu einem sprachlich angemessenen Kontext ("technisch", "intim", „dichterisch“ usw.) als unscharfe Menge darstellen.

Eine andere Erkenntnis ist, dass dasselbe Wort je nach ***Kontext*** unterschiedliche Eigenschaften zu einem unterschiedlichen Grad besitzt. Ein Wort ist „technisch“ in einem Kontext, überhaupt nicht „technisch“ in anderem Kontext. Kontexte selbst sind nicht genau. Nehmen wir an, wir haben zwei Kontexte: (1) „bei der Arbeit“ und (2) „zu Hause“. In welchem Kontext befindet man sich, wenn man mit einem Mitarbeiter in der eigenen Wohnung redet? Wenn man mit seinem Kind vom Arbeitsplatz aus telefoniert? Auf welche Weise sind diese Ungenauigkeiten darzustellen? Ein leistungsfähiges semantisches Netzwerk sollte unserer Ansicht nach nahezu alle Eigenschaften von Wörtern aus der *CW*-Perspektive betrachten. Das heißt, kein Begriff wäre eindeutig. Begriffe sind linguistischer Natur und besitzen daher eine innewohnende Ungenauigkeit. Es ist durchaus vorstellbar, dass syntaktische Variationen (unterschiedliche Flexionen, Wortstellungen usw.) auch kontextbedingt sind. Dies sind dann auch ungenaue Begriffe. Unterschiedliche grammatische Formen haben ebenfalls unterschiedliche Eigenschaften, die auch ungenau sind. Die Pragmatik spielt vielleicht eine weitere Rolle. In der Pragmatik lernt man, dass jede Äußerung einem spezifischen Sprechakt entspricht. Ein Sprechakt ist auch keine eindeutige Angelegenheit. Die Beziehung zwischen Äußerung und Sprechakt lässt sich deshalb deutlich besser durch eine unscharfe Menge darstellen.

Die tatsächliche Entwicklung eines semantischen Netzwerks, das *Computing with Words* und unscharfe Mengen mit einbezieht, werden wir hier nicht behandeln. Dieses Kapitel bietet allerdings Hinweise an, wie *Computing with Words* im Rahmen der Computer-Poesie und vor allem im Rahmen semantischer Netzwerke anwendbar wäre. Wir glauben, dass die optimale Repräsentation natürlicher Sprache deren Ungenauigkeit berücksichtigen muss. Unscharfe Mengen und die linguistischen Variablen von *Computing with Words* eignen sich vorbildlich zur Darstellung dieser Ungenauigkeit.

11.4 Stephen Thalers *Creativity Machine*

Was ist eine ***Kreativitätsmaschine***? Stephen Thaler arbeitet mit künstlichen neuronalen Netzwerken (eng. *artificial neural networks – ANN*), einem Bereich der künstlichen Intelligenz. Ein *ANN* ist eine Art Computer, der nach der Struktur des menschlichen Gehirns gebaut ist. Was heißt das? Wie funktioniert das menschliche Gehirn? Das menschliche Gehirn besteht aus zahlreichen Neuronen (Nervenzellen), die elektrische Ströme selektiv an benachbarte Neuronen weitergeben. Um *ANN* besser zu verstehen, lohnt es sich, das einfachste künstliche neuronale Netzwerk überhaupt anzuschauen. Dieses besteht aus einem einzigen Neuron (siehe **Abbildung 11.1**). Die Eingaben (e_1, e_2) haben entweder den Wert 0 oder 1. Nehmen wir der Einfachheit halber an, dass die Gewichte (g_1, g_2) beide den Wert 1 besitzen. Hätte das Limit (q) den Wert 1,5, dann verhielte sich das Neuron als

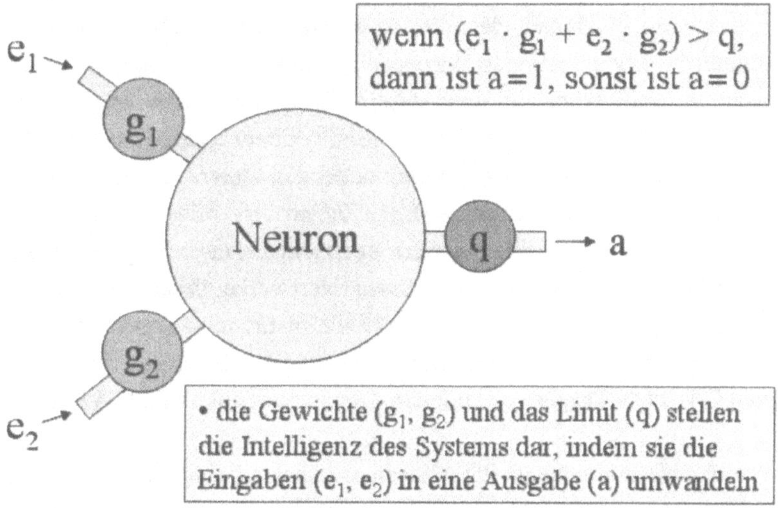

Abbildung 11.1 das einfachste neuronale Netzwerk überhaupt (ein einziges Neuron)

UND-Gatter, da e_1 ***und*** e_2 beide den Wert 1 haben müssten, um 1,5 zu übertreffen. Hätte das Limit (q) den Wert 0,5, dann würde das Neuron als ODER-Gatter funktionieren, da e_1 ***oder*** e_2 (oder beide) den Wert 1 haben müssten, um 0,5 zu übertreffen. Auf diese Weise funktionieren die Werte der Gewichte (g_1, g_2) und des Limits (q) als eine Art Intelligenz. Vielleicht scheinen diese Werte nicht besonders intelligent zu sein. Echte Gehirne haben jedoch mehrere Billionen Neuronen, die durch ihre unterschiedlichen Gewichte und Limits auf komplizierte Weise zusammenwirken. Die Darstellung des Neurons in **Abbildung 11.1** ist zugegebenermaßen der einfachste Fall. In Wirklichkeit können Neuronen – sowohl im menschlichen Gehirn als auch in künstlichen neuronalen Netzwerken – mehrere Eingaben und mehrere Ausgaben besitzen (vgl. Thaler 2005).

Ein komplexeres künstliches neuronales Netzwerk besteht aus sehr vielen solchen Neuronen und kann verschiedene Aufgaben meistern. Durch eine iterative mathematische Verbesserung der Gewichte und der Limits, die in einer Lernphase stattfindet und sich durch eine Differentialgleichung der Sigmoid-Funktion beschreiben lässt, lernt das Netz, komplexe Eingaben mit komplexen Ausgaben zu verknüpfen (vgl. ebd.). Das Netz lernt. Dank der Lernphase, während der die Gewichte und Limits vollkommen „gestimmt" werden, kann das Netzwerk anschließend komplexe Eingaben in angemessene Ausgaben umwandeln. Es handelt sich um eine Art Gedächtnis, das allerdings nicht mit der Speicherkapazität traditioneller Computer gleichzusetzen ist. Traditionelle Computer können lediglich Zahlen speichern und nehmen ähnliche Zahlen als völlig unterschiedlich wahr. Neuronale Netzwerke hingegen sammeln Erfahrungen und können ähnliche Erfahrungen als ähnlich erfassen. Netzwerke dieser Art existieren schon seit mehr als dreißig Jahren und haben nichts mit Kreativität zu tun. Der lernende ***POS-Tagger*** von Radu Florian und Grace Ngai, den wir im Kapitel 7.4 »POS-Tagger« diskutierten, funktioniert auf ähnliche Weise.

Wie entsteht nun Kreativität? Stephen Thaler, dem dieses Kapitel gewidmet ist, machte 1992 ein ungewöhnliches Experiment mit einem solchen Netzwerk. Dem Netzwerk wurde zunächst beigebracht, Weihnachtslieder zu speichern (vgl. Thaler 1996). Danach versuchte Thaler, das Netzwerk zu „töten", indem er einige Neuronen zerstörte (vgl. ebd., vgl. Yam 2005). Das Ergebnis war überraschend. Das Netzwerk litt an Halluzinationen und lieferte etwas, was man vielleicht als beschädigte Erinnerungen bezeichnen könnte (vgl. Hesman 2004). Das Netzwerk produzierte beschädigte Lieder, die allerdings völlig neu waren. Einige waren sogar schön. Thaler erkannte jedoch diese beschädigten Erinnerungen als etwas Besonderes. Diese beschädigten Erinnerungen seien, nach Thaler, ***neue Ideen*** gewesen (vgl. ebd.; vgl. Yam 1995).

Thaler wiederholte sein Experiment mehrmals, um es ausführlicher zu verstehen. Später verbesserte er das Verfahren, indem er ein zweites, durch ein zusätzliches Lernverfahren trainiertes neuronales Netzwerk einführte, dessen Aufgabe es war, die unerwünschten „Ideen" des ersten Netzwerks auszufiltern. So wurden nur die „guten Ideen" anerkannt. Durch die Kombination der zusammenwirkenden Netzwerke stieß Thaler auf die erste Kreativitätsmaschine (vgl. Thaler 1996; vgl. Olsen 2002).

Unter anderem erfand die Kreativitätsmaschine bisher unbekannte Kristalle, die härter als Diamanten sind. Das Geheimnis der Kreativitätsmaschine sind die Störungen, die in das System eingeführt werden. Diese Störungen lassen sich mit einer Spritze Adrenalin vergleichen, da dieses Hormon die Verhaltensweise von Nervenzellen auf ähnliche Weise beeinflusst (vgl. Hesman 2004).

Viele Wissenschaftler glauben, dass ***Creativity Machine*** eine revolutionäre Form der künstlichen Intelligenz darstelle (vgl. ebd.). Einige erwarten sogar, dass die Gesamtheit der Technologien, die auf ***Creativity Machine*** basieren, sich in Zukunft der menschlichen Intelligenz angleichen, sie möglicherweise sogar überschreiten könne (vgl. ebd.). Da wir keine Experten im Bereich der neuronalen Netzwerke sind, können wir kaum eine sachverständige Meinung vertreten. Trotzdem lässt sich darüber spekulieren, wie eine Kreativitätsmaschine im Rahmen der Computer-Poesie anzuwenden wäre.

Unsere Poesie-Erzeuger (der Wurm, das Hähnchen und der Hirsch) lassen sich als eine Menge von Algorithmen verstehen. In neuronalen Netzwerken gibt es jedoch keine Algorithmen. Wissen (oder Intelligenz) verbirgt sich in den zahlreichen Gewichten und Limits der Neuronen. Der Mensch kann dieses Wissen auf keine Weise erfassen, denn das Wissen ist nicht „sichtbar". Wie kommt dieses Wissen dann überhaupt zustande? Das Netzwerk hat durch die automatische Funktionsweise seiner Neuronen eine innewohnende Lernfähigkeit. Das Netzwerk lernt. Durch die mathematisch gesteuerte Verbesserung der Gewichte und der Limits ist es in der Lage, die Intensität seiner Fehler auf null (oder fast null) zu reduzieren. Viel mehr als das wissen wir nicht. Thaler erklärt, dass sich die Neuronen auf unvorhersehbare Weise organisierten (vgl. Thaler 2005). Spontan und unerklärlich schüfen die Neuronen ihre eigene Logik (vgl. ebd.). Automatisch und aus eigenem Antrieb schlössen sie sich in Gruppen zusammen.

Unterschiedliche Gruppen übernähmen unterschiedliche Aufgaben (vgl. ebd.). Dieses Verhalten lasse sich sowohl in künstlichen als auch biologischen neuronalen Netzwerken erkennen.

Wie können sich algorithmisch gebildete Poesie-Erzeuger (wie der Hirsch) die „Zauberkräfte“ solcher Netzwerke aneignen? Nicht leicht. Neuronale Netzwerke können keine Algorithmen enthalten. Umgekehrt können Algorithmen nicht die „innewohnende, unverständliche Lernfähigkeit“ des Neurons besitzen. Ist die Lage hoffnungslos? Nicht ganz. Neuronale Netzwerke und algorithmisch getriebene Komponenten sind wider Erwarten in der Lage, zusammenzuarbeiten. Die Arbeit zwischen den beiden muss allerdings durch eindeutig definierte ***Schnittstellen*** erfolgen. Ein nahe liegendes Beispiel ist die Zusammenarbeit zwischen dem menschlichen Gehirn (einem neuronalen Netzwerk) und dem modernen Computer (einer algorithmisch arbeitenden Komponente). Im Fall des Gehirns und des Computers gibt es gewisse ***Schnittstellen***, die eine Verbindung ermöglichen. Um sich mit einem Computer zu verständigen, braucht das Gehirn unter anderem die Hilfe der Augen, der Hände und der Finger. Die Augen, die den Bildschirm des Computers und seine Inhalte anschauen, und die Hände und Finger, die die Maus und die Tastatur bedienen, stellen die ***Schnittstelle*** in das Gehirn dar. Die ***Schnittstelle*** in den Computer besteht aus dem Bildschirm und seinen Benutzeroberflächen (Fenstern, Bildern, Text usw.), die den inneren Zustand des Computers repräsentieren, sowie der Maus und der Tastatur, durch die die innere Welt des Computers zu manipulieren ist. Ein Austausch zwischen dem Gehirn und dem Computer kann nur stattfinden, wenn über diese Schnittstellen kommuniziert wird. Diese Analogie soll vor allem die erforderliche ***Mittelbarkeit*** einer Zusammenarbeit zwischen neuronalen und algorithmischen Systemen verdeutlichen. Wenn neuronale und algorithmische Systeme auch ein gemeinsames Ziel anstreben, müssen sie immer räumlich getrennt voneinander arbeiten. Eindeutige ***Schnittstellen*** – wie im Rahmen der objektorientierten Programmiersprachen (eng. *Object-Oriented Programming Languages* – OOP) – müssen definiert werden, um eine Art Gespräch zwischen beiden Seiten zu ermöglichen.

Wir wissen jetzt, dass eine Poesiemaschine sowohl aus Algorithmen als auch aus neuronalen Netzwerken bestehen kann. Wichtig dabei sind die klare Festlegung der Aufgaben beider Systeme und die genaue Bestimmung sinnvoller, effizienter ***Schnittstellen***. Unterschiedliche Aufgaben können unter Umständen bedeuten, dass sich das eine System dem anderen vollkommen unterordnen muss. Sollte sich das neuronale Netzwerk nach dem algorithmischen System richten? Oder wäre das neuronale System „der bessere Chef"? Wären mehr als zwei Systeme vorstellbar? Könnte es gleichzeitig fünf, zehn, zwanzig, fünfzig zusammenarbeitende algorithmische und neuronale Systeme geben? Diese Fragen lassen wir bewusst offen. Antworten auf sie zu suchen und zu finden, übersteigt aufgrund der komplexen Materie den für die vorliegende Arbeit gesetzten Rahmen.

12 Schluss

Unser Vorsatz war, die Arbeit schlicht zu halten und den Versuchungen des Abschweifens und Philosophierens zu widerstehen, die das Thema „Computerpoesie“ herausfordert. Dementsprechend ist die Hauptaussage dieser Arbeit nicht in einer Botschaft zu finden, sondern in vielen Details. Unsere Fragen und Antworten waren konkret und vielleicht gerade dadurch ein Schritt in Richtung Weiterentwicklung. Jemand, der sich mit der tatsächlichen Entwicklung von Computerpoesie beschäftigt, wird in unserer Arbeit viele brauchbare, neuartige Ansätze entdecken.

Auf unserem Weg ist uns jedoch auch deutlich geworden, was fehlt. Denn was wir unternommen haben, ist – bildhaft gesprochen –, alle feststellbaren „Zutaten“ zu einem Gedicht in einen Topf zu werfen, in der Hoffnung, dass irgendwann ein Gedicht entsteht. Natürlich ist Dichtkunst bzw. Erzählkunst viel mehr als das. Die von uns behandelten Einschränkungen sind da nur nebensächlich. Kern eines Gedichts ist in der Regel eine (allgemein menschlich gültige) Aussage. Diese Anforderung lässt sich allerdings schlecht als präzise Einschränkung vorgeben. Können Maschinen vielleicht gar keine Kunst produzieren? Und was ist Kunst?

Nachdem wir im Verlauf der Arbeit unserem Vorsatz treu geblieben sind, konkret und schlicht zu schreiben, wollen wir uns zum Abschluss doch noch einige Visionen erlauben.

Was ist also Kunst? Maschinen müssen nicht klüger sein als Menschen, um zu unterhalten, zu überraschen und zu berühren. Es ist immer der Mensch, der ein Gedicht rezipiert, und der Mensch interpretiert immer nur aus dem heraus, was er in sich bzw. in seinem subjektiven Fundus an Erfahrungen und Einsichten wieder findet. Man könnte sagen, dass der Mensch immer nur sich selbst interpretiert. Es ist der Mensch, der einem Gedicht eine

Bedeutung, eine Energie, einen Zauber zuschreibt. So gesehen kann alles Kunst sein.

Gibt es dennoch – im Sinne einer unscharfen Definition[34] – Kriterien, die Dichtkunst definieren und eingrenzen? Kriterien, die wesentlich komplexer sind als unsere sechs methodischen Einschränkungen? Kriterien, die an den Kern von Dichtkunst zu rühren vermögen?

Wir vermuten – anders als Link –, dass die Entwicklung maschineller Intelligenz sich in Zukunft in zwei Schritten vollziehen könnte. Im ersten Schritt würde die Maschine eine übermenschliche Intelligenz erreichen. Dies erscheint uns möglich, da wir anders als Link maschinelle Intelligenz nicht mit algorithmisch gesteuerter Intelligenz gleichsetzen. Im zweiten Schritt hätte die Maschine die viel schwierigere Aufgabe, Menschlichkeit zu simulieren. Menschlichkeit in welchem Sinne? Menschliche Gefühle? Menschliches Aussehen? Menschliches Denken? Was wäre schon heute machbar? Was vielleicht nie? Wie könnte ein Außerirdischer echte Menschen von perfekt nachgeahmten unterscheiden? Oder wie könnten wir uns gegenseitig erkennen? Dass die Motive und Interessen von Menschen und Maschinen unterschiedlich wären, liegt auf der Hand, aber das wäre nach außen nicht sichtbar. Gibt es irgendetwas, was den Kern der wahrnehmbaren Menschlichkeit ausmacht? Gibt es irgendetwas, was den Kern eines berührenden Gedichts ausmacht? Und wenn ja, was spricht dagegen, dass in ferner Zukunft die Maschine diesen Kern finden und nachbilden könnte? Die Stimmung eines Hundes beispielsweise können wir leicht beeinflussen. Ließe sich eine überlegene Intelligenz vorstellen, die uns „knackt"? Schon jetzt gibt es Ansätze, die beeindrucken.

Gemäß Stephen Thaler besteht eine Kreativitätsmaschine aus zwei Teilen (vgl. Thaler 1996): einer Vorschlagsmaschine, die mikrosekundenschnell und auf Zufallsbasis Ideen produziert – in unserem Fall wären das Gedichte – und einer Art Beurteilungsmaschine, die immer wieder Feedback geben und so die erste Maschine lehren könnte, was gut ist bzw. was als

[34] Hier meinen wir vor allem Zadehs unscharfe Logik und linguistische Variablen (vgl. Zadeh 1975, 43-65).

menschlich ergreifend wahrgenommen wird. Diese Beurteilungsinstanz könnte im ersten Schritt auch der Mensch oder eine Gruppe von Menschen sein bzw. könnte von Menschen durch ein ähnliches Feedback-Verfahren trainiert worden sein.

Obwohl wir am Spekulieren sind, wollen wir etwas konkreter werden, weil es offensichtlich ganz unterschiedliche Stufen von maschineller Umsetzbarkeit gibt. Eine Geschichte ist viel schwieriger zu erfinden als schöne Klänge zu erzeugen sind. Konzentrieren wir uns also auf Musik. Wir werden sehen, dass das vieles vereinfacht.

Um die „Schönheit“[35] der Musik Beethovens erkennen zu können, muss man nicht Beethoven sein. Nehmen wir an, dass eine Vorschlagsmaschine durch ihre ungeheuere Schnelligkeit und durch Zufallsverfahren gelegentlich auf die „Schönheit“ Beethovens stoßen könnte. Es wäre nicht mehr unsere Aufgabe, „Beethoven zu erzeugen“. Wir müssten lediglich etwas erzeugen, was in der Lage wäre, „schöne“ Musik zu erkennen. Das maschinelle Erkennen „schöner“ Musik ist sicherlich kein einfacher Prozess. Es scheint jedoch leichter erreichbar zu sein, als „Beethoven zu erzeugen“.

Können wir einen Schritt weiter gehen? Durch mehrstufige Beurteilungsverfahren, durch ineinander verschachtelte Kreativitätsmaschinen und komplexe Netzwerke von Intelligenzmaschinen ließe sich dieser Prozess beliebig verstärken. Auch ließen die Beurteilungskomponenten einer solchen Beurteilungsmaschine sich immer weiter verfeinern. Eine Beurteilungsmaschine könnte tatsächlich eine gewichtete Zusammenschaltung von Maschinen mit unterschiedlichen eindimensionalen Kriterien sein.

Wir erwähnten oben, dass unsere Arbeit neuartige Ansätze liefert.

---

[35] Wir gestehen ein, dass der Begriff „Schönheit“ extrem vage ist. Vielleicht ließe sich „Schönheit“ trotzdem irgendwie auf eine sehr komplexe, unscharfe Weise darstellen (vgl. Zadeh 1975, 43-65).

Inwiefern neuartig? Bereits heute liegen bedeutsame Forschungsergebnisse zum Thema maschinell erzeugter Texte und deren syntaktischer und semantischer Aspekte vor. Unserer Meinung nach wurde jedoch das maschinelle Gedicht als akustisches, „musikalisches“ Phänomen bislang vernachlässigt. Wir vermuten, dies hängt teilweise mit dem allgemeinen Mangel an interdisziplinärer Forschung zusammen. Die Fortschritte im Bereich der maschinellen Sprachverarbeitung sind vor allem von wirtschaftlichen Interessen bestimmt. Es gibt sprechende Navigationssysteme, aber ein Computer, der seine eigenen Lieder erfindet und womöglich auch gleich singt, ist weder von politischem noch ökonomischem Interesse.

Wir halten es trotzdem für angebracht, uns mit den klanglichen Aspekten maschinell erzeugter Sprache auseinander zu setzen, zumal akustische Einschränkungen gegenüber semantischen Einschränkungen einfacher mathematisch beschreibbar und damit durch Computer auch einfacher realisierbar sind. Maschinen wird es immer schwer fallen, semantische Einschränkungen zu berücksichtigen, da es sehr unklar ist, was Bedeutung überhaupt „bedeutet“. Im Bereich des Akustischen steckt jedoch noch viel – mit heutigen Mitteln schon erreichbares – Potential. Unumstritten ist, dass Mathematik und Musik viele Berührungspunkte haben. Vielleicht fällt es der menschlichen Eitelkeit schwer zu glauben, dass Maschinen Menschen musikalisch überlegen sein könnten. Tatsache ist jedoch, dass alles, was in messbare Daten (z. B. Töne) zu fassen ist, für den Computer vergleichsweise leicht zu erreichen ist, während das Denken und das nichtalgorithmische Lösen von komplexen Problemen sich schlecht (oder überhaupt nicht) in Daten aufbereiten lässt und daher ein viel größeres Problem für den Computer darstellt.

In naher Zukunft wird es eine Revolution in der Entwicklung von Technologien zur Sprach- und Stimmensimulation geben. Computer werden mit Menschen sprechen können. Vorstellbar ist auch, dass Maschinen Musik und parallel dazu Liedertexte erfinden werden. Schon heute kopieren Musiker voneinander oder aus alten Musikstücken und verwenden Computer, um ihre Stimmen elektronisch zu verbessern. Von menschlicher Originalität und Einmaligkeit kann man hier nicht viel erkennen. Was spräche dagegen, sogar die Breite von Emotionen und charakteristischen Eigentümlichkeiten in der menschlichen Stimme mathematisch darzustellen und zu imitieren? Bloße Abbildungen von Emotion vermögen uns schließlich auch zu rühren.

Diese Fragen verunsichern, führen aber vielleicht auch auf eine ganz neue Wahrnehmungsebene. Die Frage, ob wir uns in Maschinen verlieben könnten, wird jeder verneinen. Aber warum? Kehren wir zurück zu unseren Betrachtungen über Menschlichkeit und beschränken wir uns jetzt auf die emotionelle Ebene. Nehmen wir einmal an, dass unsere Voreingenommenheit Maschinen gegenüber nicht absolut wäre, sondern kulturell und daher veränderbar. Vielleicht würden wir einen künstlichen Menschen faszinierend finden können, wenn er musikalisch begabt wäre, perfekt aussähe, stark und nahezu unsterblich wäre, selbst wenn seine Fähigkeiten zu linguistischer Interaktion ähnlich beschränkt wären wie die eines Gorillas. Wir werden nicht sagen, dass echte Menschen mitunter denselben Eindruck erwecken können, doch schon heute gibt es Kunstfiguren, die viele Menschen in ihren Bann ziehen. Man denke nur an E. T., King Kong oder Lara Croft.

Was berührt uns? Inwiefern ist „Menschlichkeit" vom Menschen trennbar? Wüssten wir, dass ein bestimmtes Lied von Maschinen komponiert und sogar gesungen wurde, würden wir es vermutlich ganz anders wahrnehmen, vielleicht sogar ablehnen. Brauchen wir nur eine möglichst menschlich wirkende Projektionsfläche, um unsere eigene Menschlichkeit darin erkennen zu können und sind wir dabei nicht allzu bereit, uns täuschen zu lassen? Die Fragen, die sich hieraus ergeben, sehen wir nicht als desillusionierend an, im Gegenteil: Wenn sich alles, was wir für unsere ureigene unvergleichbare Menschlichkeit hielten, als imitierbar erweist, werden wir vermutlich stärker darum bemüht sein, unsere Selbstwahrnehmung und die Wahrnehmung anderer zu verfeinern, zu sensibilisieren und zu verändern.

Nachdem deutlich geworden ist, dass gewagte Spekulationen auch für uns einen gewissen Reiz haben, schließen wir mit der schlichten Äußerung, dass akustische Betrachtungen innerhalb der maschinellen Intelligenz bislang vernachlässigt wurden, dass hier Erfolge aber greifbar sind – wie die vorliegende Arbeit gezeigt hat – und dass unserer Meinung nach die Bedeutung maschinell erzeugter, lyrisch interessanter Texte in Zukunft zunehmen wird.

Der Autor freut sich über weitere Anregungen zum Thema Computerpoesie und stellt deshalb eine E-Mail-Adresse zur Verfügung:

hirsch@chorpita.com

13 Literaturverzeichnis

Beaugrande, Robert de; Dressler, Wolfgang 1981: *Einführung in die Textlinguistik*, Tübingen

Behrmann, Alfred 1989: *Einführung in den neueren deutschen Vers. Von Luther bis zur Gegenwart. Eine Vorlesung*, Stuttgart

Beum, Robert 1957: »Syllabic Verse in English«, *Prairie Schooner* 31, 259-275.

Boehncke, Heiner; Kuhne, Bernd (Hg.) 1993: *Anstiftung zur Poesie. Oulipo – Theorie und Praxis der Werkstatt für potentielle Literatur*, Bremen

Brachman, Ronald: »On the epistemological status of semantic networks«. In: Findler, 3-50.

Brill, Eric 1995: »Transformation-based error-driven learning and natural language processing. A case study in part of speech tagging«. In: *Computational Linguistics*, 21(4), 543-565

Burdorf, Dieter 1997: *Einführung in die Gedichtanalyse*, Stuttgart

Bußmann, Hadumod 2002: *Lexikon der Sprachwissenschaft*, Stuttgart

Cassirer, Ernst 2004: *Determinismus und Indeterminismus in der modernen Physik. Historische und systematische Studien zum Kausalproblem*, Gesammelte Werke. Hamburger Ausgabe, Bd. 19, Birgit Recki (Hg.), Hamburg

Chomsky, Noam 1965: »Formal Properties of Grammars«. In: R. Duncan Luce; Robert Bush; Eugene Galanter (Hg.), *Handbook of Mathematical Psychology*, Vol. II, New York, 323-418

Chomsky, Noam 1975: *Reflections on Language*, New York

Cognitive Science Laboratory, Princeton University 2005: *WordNet. A lexical database for the English language*, Version 2.1, Princeton, http://www.cogsci.princeton.edu/~wn/

Colby, Kenneth Mark 1975: *Artificial Paranoia. A Computer Simulation of Paranoid Process.* New York

Colby, Kenneth Mark 1976a: »Clinical Implications of a Simulation Model of Paranoid Processes«. In: *Archive of General Psychiatry.* Nr. 33, 854-855

Colby, Kenneth Mark 1976b: »On the Morality of Computers Providing Psychotherapy«. In: *Sigart Newsletter,* Nr. 59, 9-10

Dinges, Hermann; Rost, Hermann 1982: *Prinzipien der Stochastik,* Stuttgart

Dynkin, Eugene; Juschkewitsch, Alexander 1969: *Sätze und Aufgaben über Markoffsche Prozesse,* Berlin

Engel, Arthur 1976: *Wahrscheinlichkeitsrechnung und Statistik,* Stuttgart

Enzensberger, Hans Magnus 1962: »Die Entstehung eines Gedichts«. In: ders., *Gedichte: Die Entstehung eines Gedichts,* Frankfurt am Main, 37-54

Enzensberger, Hans Magnus 1987: »Weltsprache der modernen Poesie«. In: ders., *Einzelheiten II. Poesie und Politik,* Frankfurt am Main, 7-28

Enzensberger, Hans Magnus 2000: *Einladung zu einem Poesieautomaten,* Frankfurt am Main

Findler, Nicholas (Hg.) 1979: *Associative Networks: Representation and Use of Knowledge by Computers,* New York

Florian, Radu; Ngai, Grace 2001: »Transformation-Based Learning in the Fast Lane«. In: *Proceedings of the North American Chapter of the Association of Computational Linguistics (NAACL) – 2001,* 40-47, http://citeseer.ist.psu.edu/article/ngai01transformationbased.html

Fournel, Paul: »Computer und Schriftsteller«. In: Boehncke, 67-72

Garrett, Merrill 1982: »Production of Speech: Observations from Normal and Pathological Language Use«. In: Andrew Ellis (Hg.), *Normality and Pathology in Cognitive Functions,* London

Gentle, James 2003: *Random number generation and Monte Carlo methods,* New York

Grewendorf, Günther; Hamm, Fritz; Sternefeld, Wolfgang 1989: *Sprachliches Wissen. Eine Einführung in moderne Theorien der grammatischen Beschreibung,* Frankfurt am Main

Guilder, Linda van 1995: *Automated Part of Speech Tagging: A Brief Overview*, http://www.georgetown.edu/faculty/ballc/ling361/tagging_overview.html

Hart, Michael 2003: Project Gutenberg Literary Archive Foundation, Internetkorpus, http://gutenberg.net

Hesman, Tina 2004: »Stephen Thaler's Computer Creativity Machine Simulates the Human Brain«, *St. Louis Post*, 24 Januar 2004

Hulst, Harry van der 1984: *Syllable Structure and Stress in Dutch*, Dordrecht

Lamping, Dieter 1985: »Probleme der Reimpoetik im 20. Jahrhundert«. In: *Wirkendes Wort. Deutsche Sprache in Forschung und Lehre*, Nr. 35, Düsseldorf, 283-293

Liberman, Mark; Prince, Alan 1977: »On Stress and Linguistic Rhythm«, *Linguistic Inquiry* 8, 249-336

Liehr, Thomas 1999: *Determinismus oder Zufall? Chaostheorie und Neuronale Netze in der nichtlinearen Analyse ökonomischer Zeitreihen*, Diss., Universität Stuttgart

Lightfoot, David 1999: *The development of language: Acquisition, change and evolution*, Oxford

Link, David 2001: *Poetry Machine (Version 1,0). Eine Installation von David Link*, http://www.alpha60.net/poetrymachine/

Link, David 2002: *Poesiemaschinen / Maschinenpoesie*, Diss., Humboldt Universität, Berlin

Lionnais, François Le: »Das zweite Manifest«. In: Boehncke, 23-28

Martinez, Matias; Scheffel, Michael 2002: *Einführung in die Erzähltheorie*, 3. Auflage, München

May, E. 1975: »PSIFI: A physiology-coupled, noise-driven random generator to extend PK studies«. In: *Research in Parapsychology*, 1975, 20-22

May, E., u.a. 1985: »Psi experiments with random number generators: an informational model«. In: *Proceedings of Presented Papers*, Vol. I, The Parapsychological Association 28th Annual Convention, Tufts University, Medford, MA, 237-266

Mechelen, M. Vincent van 1992: »Computer Poetry«, 1-32, http://www.trinp.org/poet/comp/compoe.htm

Miller, George, u.a. 1993: »Five Papers on WordNet«. Zuerst in: *Journal of Lexicography*, Bd. 3, 235-312, 1990, korrigierte Version, 1993, ftp:/ftp.cogsci.princeton.edu/pub/wordnet/5papers.pdf

Olsen, Sander 2002: »Interview with Dr. Stephen Thaler«, *Pivot Net*, http://www.pivot.net/~jpierce/thaler_interview.htm

Piattelli-Palmarini, Massimo (Hg.) 1980: *Language and learning: The debate between Jean Piaget and Noam Chomsky,* London

Platt, David 1999: *Understanding COM+. The architecture for enterprise development using Microsoft technologies*, Redmond, WA

Poe, Edgar Allan 1850: »The Philosophy of Composition«. Zuerst in: *The Works of the Late Edgar Allan Poe*, vol. II, 259-270, http://www.eapoe.org/works/essays/philcmpb.htm

Queneau, Raymond 1961: *Cent mille milliards de poèmes*, Paris

Reither, Saskia 2003: *Computerpoesie. Studien zur Modifikation poetischer Texte durch den Computer*, Bielefeld

Rinne, Horst 1997: *Taschenbuch der Statistik,* 2., überarb. und erw. Auflage, Frankfurt am Main

Selkirk, Elizabeth 1982: »The Syllable«. In: Harry van der Hulst; Norval Smith (Hg.), *The Structure of Phonological Representation (Part II)*, Dordrecht, 337-383

Sowa, John 1984: *Conceptual Structures: Information Processing in Mind and Machine*, Reading, MA

Sowa, John 2000: *Knowledge Representation: Logical, Philosophical, and Computational Foundations*, Pacific Grove, CA

Sowa, John 2006: *Semantic Networks*, http://www.jfsowa.com/pubs/semnet.htm

Stürner, Miriam 2003. *Von Künstlicher und Digitaler Poesie. Formen computergenerierter Poesie seit den 1960er Jahren*, Magisterarbeit, Universität Stuttgart

Sullivan, Nick 1997: *Romance Writer. Computer-Generated Romance Stories.* AHA! Software

Thaler, Stephen 1996: »Neural Networks That Create and Discover«, *PC AI*, Mai/Juni 1996

Thaler, Stephen 2005: »Neural Networks 101«, *Servo Magazine*, April 2005

Vogt, Jochen 2001: *Einladung zur Literaturwissenschaft*, 2. Auflage, München

Weizenbaum, Joseph 1966: »ELIZA - A Computer Program for the Study of Natural Language Communication between Man and Machine«. In: *Communications of the ACM*. Bd. 9, Nr. 1, 36-45

Weizenbaum, Joseph 1967: »Contextual Understanding by Computers«. In: *Communications of the ACM*. Bd. 10, Nr. 3, 474-480

Wronski, Stanilaw 1999: *From Biology to the Universe Structure*, Kraków

Yam, Philip 1995: »As They Lay Dying ... Near the end, artificial neural networks become creative«, *Scientific American*, Mai 1995

Yang, Tao 2001: »Beyond Process and Action Signals«. In: Paul Wang (Hg.), *Computing with Words*, New York, 367-432

Zadeh, Lotfi 1965: »Fuzzy sets«, *Information and Control* 8: 338-353

Zadeh, Lotfi 1975: »The concept of a linguistic variable and its application to approximate reasoning«, *Information Sciences* 8: 43-80

Zadeh, Lotfi 1999: »From computing with numbers to computing with words – from manipulation of measurements to manipulation of perceptions«, *IEEE Trans. Circuits Systems*, 103-111

Frankfurter Forschungen zur
Kultur- und Sprachwissenschaft

Herausgegeben von Heiner Boehncke und Horst Dieter Schlosser

Band 1 Horst Dieter Schlosser (Hrsg.): Mit Hippokrates zur Organgewinnung? Medizinische Ethik und Sprache. 1998.

Band 2 Roman Paul: Fontanes Wortkunst. Von *Angstmeierschaft* bis *Zivil-Wallenstein* – ein blinder Fleck der Realismusforschung. 1998.

Band 3 Jens Wurche: Marx und Engels in der DDR-Linguistik. Zur Herausbildung einer "marxistisch-leninistischen Sprachtheorie". 1999.

Band 4 Michael Kibler: Die gefährliche Sicherheit des Risikos. Das Problem der Wertung in der populärwissenschaftlichen Sprache über Kernkraft. 1999.

Band 5 Meike Schlutt: Der repräsentative Außenseiter. Thomas Mann und sein Werk im Spiegel der deutschen Presse 1898 bis 1933. 2002.

Band 6 Christine Cosentino / Wolfgang Ertl / Wolfgang Müller (Hrsg.): An der Jahrtausendwende. Schlaglichter auf die deutsche Literatur. 2003.

Band 7 Karoline Naab: Elias Canettis akustische Poetik. Mit einem Verzeichnis von Tondokumenten und einer Bibliographie der akustischen Literatur. 2003.

Band 8 Horst D. Schlosser (Hrsg.): *Das Deutsche Reich ist eine Republik.* Beiträge zur Kommunikation und Sprache der Weimarer Zeit. 2003.

Band 9 Heiner Boehncke / Michael Crone (Hrsg.): Radio Radio. Studien zum Verhältnis von Literatur und Rundfunk. Unter redaktioneller Mitarbeit von Luna Naso Atschekzai, Antje Fey, Adrian Haus, Claudia Konwisorz, Benjamin Lauterbach, Yvonne Manske, Johanna Meyer-Seipp. 2005.

Band 10 Horst Dieter Schlosser: Es wird zwei Deutschlands geben. Zeitgeschichte und Sprache in Nachkriegsdeutschland 1945–1949. 2005.

Band 11 Patrick Schreiner: Staat und Sprache in Europa. Nationalstaatliche Einsprachigkeit und die Mehrsprachenpolitik der Europäischen Union. 2006.

Band 12 Matthias Elsdörfer: Ein tiefer Blick in „leere Schubladen". Deutsches im Nachkriegstheater 1945–1948. 2007.

Band 13 Douglas Chorpita: Diesseits und jenseits des Hirsches. Die Entstehung einer Poesiemaschine. 2007.

www.peterlang.de

Peter Lang · Europäischer Verlag der Wissenschaften

Michaela Haberkorn

Naturhistoriker und Zeitenseher

Geologie und Poesie um 1800
Der Kreis um Abraham Gottlob Werner
(Goethe, A.v. Humboldt, Novalis, Steffens, G.H. Schubert)

Frankfurt am Main, Berlin, Bern, Bruxelles, New York, Oxford, Wien, 2004.
335 S.
Regensburger Beiträge zur Deutschen Sprach- und Literaturwissenschaft.
Reihe B/Untersuchungen. Herausgegeben von Bernhard Gajek. Bd. 87
ISBN 978-3-631-52171-7 · br. € 56.50*

In einer Verbindung von literaturwissenschaftlichem und wissenschaftshistorischem Interesse beschreibt und untersucht diese Studie die Vernetzung des akademischen geowissenschaftlichen Diskurses mit dem literarischen Diskurs um 1800 sowie die Schnittstellen zwischen Gelehrtenkulturen im Umkreis des Professors für Bergbaukunde und Mineralogie an der Bergakademie Freiberg Abraham Gottlob Werner. Die durch neue Erkenntnisse in der Geologie und Paläontologie angestoßenen Debatten darüber, welche Ursachen und Zeitskalen für die Formung der Erdkruste anzunehmen seien, wirkte weit über die Grenzen der akademischen Fachgeologie hinaus und warf Fragen nach dem Zeit- und Sinnhorizont menschlicher Existenz sowie nach der Darstellbarkeit und den Repräsentationsformen des Wissens auf.

Aus dem Inhalt: Diskurse über Zeit · Geologische Diskurse im 18. und 19. Jahrhundert · Berührungspunkte zwischen Literatur und Naturerkenntnis · Interferenzen zwischen Geologie und Poesie im Kreis um Abraham Gottlob Werner · Resümee: Eine Poetik der Tiefe